极简亲子对话法

让孩子听得进去的70堂沟通课

安燕玲　郑懿 / 著

机械工业出版社

CHINA MACHINE PRESS

本书针对亲子沟通中的难题，提出了倾听和表达的"三要三不要"，并将此总结成一套系统的沟通技巧——极简亲子对话法。

书中还提供了"倾听值"和"表达力"的测试及分析，以及实操训练记录表，帮助父母发现自己在亲子沟通中经常出现的问题，然后结合大量的亲子情境对话进行具体的分析，手把手地引导父母在对话中抓住教育的关键契机，把良好的教育理念真正融入每一场对话中。

图书在版编目（CIP）数据

极简亲子对话法：让孩子听得进去的70堂沟通课/
安燕玲，郑懿著. — 北京：机械工业出版社，2020.12（2024.4重印）
ISBN 978-7-111-67019-3

Ⅰ.①极… Ⅱ.①安…②郑… Ⅲ.①家庭教育
Ⅳ.①G78

中国版本图书馆CIP数据核字（2020）第243289号

机械工业出版社（北京市百万庄大街22号　邮政编码100037）
策划编辑：刘文蕾　丁　悦　　责任编辑：刘文蕾　丁　悦　刘　岚
责任校对：赵　燕　　　　　　责任印制：李　昂
河北宝昌佳彩印刷有限公司印刷

2024年4月第1版第6次印刷
165mm×225mm·16.5印张·1插页·187千字
标准书号：ISBN 978-7-111-67019-3
定价：59.80元

电话服务　　　　　　　　　网络服务
客服电话：010-88361066　　机 工 官 网：www.cmpbook.com
　　　　　010-88379833　　机 工 官 博：weibo.com/cmp1952
　　　　　010-68326294　　金 书 网：www.golden-book.com
封底无防伪标均为盗版　机工教育服务网：www.cmpedu.com

谨以此书

献给

我们的父亲母亲，

感谢他们的养育之恩。

虽然他们有些已经离开了我们，

但是，他们对儿女的爱从来未曾走远。

致　谢 _____

　　感谢五年来在我们训练营中一起成长起来的父母们。你们谦卑受教的心和孜孜不倦的学习精神，始终激励我们做得更好。你们分享的故事是对这本书宝贵的贡献，你们的欢笑和眼泪、成长与改变，都将通过这本书安慰和激励更多的父母！

　　感谢《如何说孩子才会听，怎么听孩子才肯说》的作者阿黛尔·法伯和伊莱恩·玛兹丽施。自从 2007 年这本书被翻译为中文，它就如此深刻地影响着中国的父母，包括我们的孩子、家庭、朋友，乃至职业转型。作为这本书的译者，更是受益匪浅。

　　感谢我们的亲人，感谢你们不离不弃的爱、包容和支持！

　　2020，我们都走过了特别的一年，在岁末年初之际，除了感叹时光流逝和经历过的恐慌与不安，也请分享和记住那些平安与温暖的时刻！

推荐序 _____

以科学沟通助力孩子
健康成长

作为腾讯家长学校的校长，非常高兴能在这里向各位家长推荐《极简亲子对话法》这本书。腾讯家长学校正式成立于 2019 年 12 月，依托腾讯自营中小学网校——腾讯企鹅辅导，秉承"科学家教更有效"的理念，以科学的家庭教育理论为基础，致力于向家长传递科学、有效的家庭教育方法，帮助家长更好地应对家庭教育中的各种困惑和难题。而《极简亲子对话法》正是这样一本集理念与方法于一体的亲子沟通指南。

在家庭教育领域，亲子沟通是一个永恒的话题，一直深受家庭教育专家和家长的关注。究其原因，还是因为亲子沟通这个问题确实太重要了。如果用一句话概括这种重要性，可以说和孩子进行沟通，是家长与孩子建立亲子关系、实施家庭教育最基本也最重要的途径。

在这样一个主题上，不少家长已经听过、学过一些理念和方法，但在实际应用时，他们还是会遇到种种障碍：一方面是来自研究者的亲子沟通理论无法满足现实生活的需要，不能很好地解决实际问题；另一方面是一些来自国外的、非常有影响力的亲子沟通方法，由于文化背景上的差异，也存在无法很好落地的问题。

正因如此，腾讯家长学校联合机械工业出版社，共同策划、推出了这本《极简亲子对话法》以解决这一困局。本书的作者安燕玲老师和郑懿老师，是国内亲子沟通领域非常有影响力的资深专家。她们基于多年来对国内外亲子沟通理论的研究，以及对国内家庭教育实际情况的细致体察和深入了解，为家长们呈现了一套科学高效、简便易用的"亲子对话法"。在我看来，这本书有两个非常重要的特点：

第一，它提供了一套"直击关键"的"极简"方法。书中没有高深复杂的理论，而是直接从家长的倾听技能和表达技能两个方面，概括出一套"三要三不要"的对话法。看似简单，却直击亲子沟通中的要害问题和关键环节，能够帮助家长有效提升亲子沟通中的"倾听值"和"表达力"，在日常对话中抓住教育孩子的关键契机，把话说进孩子心里。

第二，它帮助家长完成了科学亲子沟通的"最后一公里"。对家长来说，教育孩子过程中一个很大的痛点，就是如何把专家给的教育方法，落实到自己和孩子的实际沟通中。而这本书通过 70 段真实且有代表性的亲子对话，把方法代入到具体的对话细节之中，场景化地呈现出孩子可能会怎么说，家长应该怎么听、怎么说，切实帮助家长走好从方法到应用的"最后一公里"。

正如腾讯高级执行副总裁、云与智慧产业事业群总裁汤道生所说："家庭教育是学校教育与社会教育的基础，家长是孩子最好的老师。"作为家长，我们需要向孩子传递爱与接纳，也有责任去帮助他们建立习惯、培养品格。而亲子沟通，是我们完成这一切最重要的途径和抓手。

认真阅读这本书，相信家长朋友一定都能从中汲取营养，获得成长；同时也祝愿每一位家长都能通过良好的亲子沟通，建设并拥有美好的亲子关系，陪伴孩子健康、快乐地成长！

原腾讯教育副总裁

赵尔迪

把最好的教育融入
每场亲子对话中

2018 年的感恩节很特别，那天我们的手机完全被收到的信息刷屏。学员们从全国各地发来热情洋溢的感恩祝福。有一位来自北京的妈妈写道："这几年的学习，改善了我和儿子的关系。我学会了真心欣赏孩子，不再总说'但是、可是、然而'，孩子慢慢自信起来，并开始学会真诚地赞赏家人、同学。"一位来自天津的妈妈说："以前我总是因为孩子的事情和公公婆婆闹矛盾，学习了如何与家人对话，并在家庭中实践之后，现在我成了家庭和睦的纽带。"还有一位来自湖南的老师把学到的方法运用在她的教学中，这让她被评为"孩子们最喜爱的老师"……

那是我们开启"极简亲子对话"线上学习小组的第五个年头，看到很多父母的成长，让我们不禁回想起做这件事的初衷。

提到带领父母学习如何与孩子对话，不得不说起 13 年前，我曾翻译的《如何说孩子才会听，怎么听孩子才肯说》一书，可以说它影响了一代父母。这本最早写于 1980 年的亲子图书，在时隔 20 多年后被翻译成中文，给中国父母带来了很大的帮助。

为了与更多的父母分享其中的育儿理念和方法，我们曾走进大大小小的社区、各类幼儿园和学校的家长课堂、各地企业的父母学堂。我们通过各地电台和电视台，以及各种网络媒体，为上万名父母做了数百场讲座，传播亲子沟通的好方法。

在分享过程中，我们确实感受到父母对学习的渴望，同时，也发现有太多的父母在学习热情过去之后，回到家里面对孩子仍不知所措。他们迫切地希望能在学习之后，得到更有实际意义的指导和更多有针对性的反馈。

另外，很多来自西方的很棒的家庭教育理念，因为受到东西方文化差异、父母成长环境不同的因素影响，即便是操作性很强的方法，但在中国家庭具体实施的时候，仍然存在"落地"的问题。

于是，我们在2015年开启了线上学习小组。我们要求父母把自己与孩子的对话真实地记录下来，并写下自己的反思。然后，我们针对父母所记录的对话，进行"点对点""手把手"的帮助，可谓"扶上马，送一程"。

每一段对话都有细致、精确的点评，启发父母看到这段对话的亮点在哪里；对话中抓住（或错失了）哪些扭转局面的契机；结合我们所学习的内容，是否可以把这句话换一种说法……为了更进一步帮助父母，我们鼓励大家将所发生的对话，进行举一反三，把由此引发的所思所想应用到其他的生活场景中。最大限度地挖掘他们与孩子之间每一场对话的价值，让父母和孩子的每场对话，都成为更深入地认识彼此、了解对方的机会。

就这样，我们在五年中对近500场真实对话记录进行了分析点评，从中总结提炼出一套"极简亲子对话法"，把"听"和"说"的关键点总结为"三要三不要"，并将这套方法运用在三大不同的对话场景中，包括：

各种冲突中（孩子与父母、同伴、兄弟姐妹的冲突）的对话、生活中（建立自信、培养自律、学会感恩）的对话，以及与家人的对话。精选出其中典型的 70 场情境对话，集结成书分享给更多的父母。

我们在这个特别的感恩节，欣喜地看到父母的成长、孩子的变化。如果 13 年前我翻译的《如何说孩子才会听，怎么听孩子才肯说》给中国父母带来了一套崭新的亲子沟通方式，那么，盼望这本集结了来自中国本土案例的《极简亲子对话法》带给父母更细致、更深入的帮助，让教育融入每场亲子对话中！

如何阅读这本书

本书的特别之处在于每场对话的呈现方式。首先，我们在"背景"中介绍了这场对话的基本信息。其次，在"回放"中作逐字逐句的点评（用特殊字体标识），帮助父母看到自己对话过程中哪里做得好，哪里需要提高。然后，在"解读"中对整场对话作总体的分析和总结，帮助父母总结经验、汲取教训。最后，在"下一步"中，帮助父母对当下遇到的问题进行后期的跟进和指导，在今后面对同类问题的时候，学会触类旁通。例如：

对话：发现孩子行为背后的动机

背　景 ＿ 假期开车带孩子出去玩。爸爸开车，我因为晕车在车上没有多说话，一路上儿子在车里觉得很无聊。到了中午，我们找到一家餐馆吃饭，餐桌餐椅都是矮矮的竹桌竹凳。饭菜上齐了，我们刚吃了一会儿，儿子开始前后摇晃小板凳。只听"咣当"一声，凳子翻倒，他一屁股坐在了地上。

对话回放 __

妈妈：哟，小心点儿。

（儿子坐起来，可是没过 2 分钟，故伎重演，又摔倒在地上。）

爸爸：地上好多虫子哦，会咬你屁股的。

妈妈（有些生气）：快起来，地上很脏！

爸爸：你是怎么搞的？好好吃饭！

（儿子仍然不动，我伸手拉他起来坐好。不一会儿，他又再次摔在地上，并且用挑衅的眼神看着我，我终于怒了，一把抓住他的胳膊把他拉起来。）

妈妈（严厉地）：跟你说了多少遍了，地上很脏，不要坐地上！

儿子（使劲挣扎）：你干什么！你干什么！

（餐馆里其他客人纷纷往我们这边看过来。）

爸爸（很生气）：你怎么这么不听话啊！

（儿子大声哭闹起来。我最后在儿子屁股上打了两巴掌，并厉声训斥才结束这场冲突。）

反　思 __ 儿子的做法让我感到措手不及。就在他第二次摔倒在地上的时候，我已经没有了耐心和理智，心里只有四个字："赶紧起来！"到现在，我也不明白儿子为什么要一次次摔在地上，是因为好玩吗？他平时还算听话，为什么要那样做？他想传递给我什么信息呢？而我当时应该怎么做，才能让他不再故意摔倒呢?

解　读 __ 妈妈虽然在冲突中失去了耐心和理智，但是在冲突之后，能进行反思，寻找孩子这样做的原因，值得鼓励。孩子故意重复摔倒的行为，一定有他背后的动机。这个动机是什么，需要从他得到的结果来查看。重复这个过程，让父母的注意力都集中在他身上，甚至餐厅里的其他人也在关注他。所以，很有可能，孩子在用故意摔倒来取得父母和周围人的关注，虽然他最后受了"皮肉之苦"。

从对话的背景描述中，我们看到在午饭之前的较长一段时间内，爸爸在专心开车，妈妈晕车难受没说话，父母都忽略了小家伙的存在。孩子在利用吃饭的机会"求关注"。他发现每摔倒一次，就成功地得到一次父母的关注。所以，他不断重复这个过程，希望能一次次得到父母的关注。

如果父母能意识到这一点的话，那么就可以引导孩子回到餐桌前，通过和他聊天来满足他对关注的需求。

尝试这样说

妈妈: 让板凳的四个脚都着地就不会摔倒，如果只有两个脚着地就会摔倒。[把"小心"转换成孩子能理解的、更具体的描述。可参见第二章"提高'表达力'的'三要三不要'"中对"要客观描述，不要笼统评判"的解读。]

（儿子坐起来，没过两分钟，故伎重演，又摔倒在地上。）

妈妈: 我知道你坐了这么长时间车，没人和你说话，觉得很无聊。不要再摔倒了。咱们来说说，这个餐馆和咱们家有什么不一样? [发现孩子在重复一个行为来寻求"关注"，就通过对话来满足孩子的"关注"。参见第二章"提高'表达力'的'三要三不要'"中对"要理解指正，不要说教指责"的解读。]

儿子: 这里的桌子、凳子比咱们家的矮。

妈妈: 嗯，我也发现了。还有呢? [给孩子开放性的问题，继续引导对话的进行。]

儿子: 这里的桌子、凳子是竹子的，咱们家的是木头的。

妈妈: 确实是! 你再找找还有哪些其他不同。

儿子: 这里把米饭放在竹筒里面，咱们家是放在碗里。
[一边吃饭，一边愉快地聊天。因为满足了孩子希望得到关注的愿望，他也就没有必要再故意摔倒了。]

下一步 __ 对于孩子"寻求关注"的问题，可以在后期进行观察。如果他一再重复一些不当的行为，不听父母的提醒，那么父母可以想一想: 首先，他这样做想要达到什么目的? 当孩子重复一些行为的时候，一定有他的动机和目的。父母需要花时间去探寻孩子行为背后的动机和目的，而不只是禁止他的行为。其次，他重复这样做，得到了什么结果? 我们可以从孩子重复这个行为所带来的结果，去发现他的动机。正如《孩子挑战》一书中提到的，"小一点的孩子在做重复的行为时，未必知道或者意识到自己的动机和目的到底是什么。可以通过观察孩子这个行为最后给他带来的结果，来找到孩子行为背后的动机"。

上面的这个例子就是这本书中对话的呈现方式，希望这些对话所给出的经验与教训、分析和提醒都能够给到父母最直接、最有效的帮助。

导　言_____

　　这不是一本泛泛而谈的亲子沟通方法论，而是一份手把手教家长如何与孩子对话的指南，是作者在进行 10 年公益宣讲、5 年亲子沟通指导的基础上，总结出的一套极简的对话法——倾听与表达的"三要三不要"。为了更好地分享这套方法，书中还提供了"倾听值"和"表达力"的测试、分析及实操记录表，针对三大沟通模块：化解孩子的冲突、培养孩子的品格、融洽家庭关系，从 500 份真实对话记录中优选了 70 个很多家长都会遇到的亲子对话情境，逐一解读，帮助家长将这套对话法更好地运用到日常生活中。

　　在每场具体的对话中，我们可以看到家长与孩子的真实互动；在一言一语中，我们可以读出家长的期待和孩子的需求。教养的态度和细节就蕴藏在其中。有时候亲子对话非常顺利，而有时候家长又会遇到很多抵触和挑战，问题出在哪里？在书中，作者将这些对话进行条分缕析，让家长发现那些教育孩子的关键契机不在别处，就在与孩子情绪基调一致的对话中，就在那忍住不追问"为什么"里，就在那适可而止的"给台阶"中。

　　下面我们对本书的结构进行了图示化，以便大家可以有效抓住本书的要点，快速找到自己希望阅读的内容。

1. 与父母的冲突：需求未满足
2. 与同伴的冲突：摩擦中学交往
3. 与兄弟姐妹的冲突：争宠求关注

1. 自信：勇于尝试
2. 自律：善用时间
3. 感恩：凡事不抱怨

用法篇 I
化解孩子的冲突

用法篇 II
培养孩子的品格

70 堂
沟通课

用法篇 III
融洽家人的关系

1. 感谢代替责备
2. 奖赏代替否定
3. 影响代替改变

最后，希望大家能在阅读时将心置入，从中收获一些启发。

目 录

方法篇

静静地听，慢慢地说
亲子对话的基本功

023

极简亲子对话法

世界上有一种东西，

看不见摸不着，却感受得到；

它给人们带来温暖和力量；

它能平息愤怒，消除隔阂；

它能缠裹伤口，治愈病痛；

它能超越时空，生生不息；

它不离不弃，不求回报；

它不会凋零，不会贬值；

它付出越多，得到越多；

它是我们每个人最渴望的；

它是我们唯一能真正给予的。

它就是——

爱！

爱是与孩子对话的根基，离开了爱的基础，再高超的沟通技巧都是空中楼阁。

爱的首要任务便是倾听，倾听他们的心声，理解他们的想法，然后用爱心说智慧的话。

爱是对孩子的忍耐和接纳，耐心了解我们所不知道的真相，接纳孩子的感受，接纳他们与我们的不同。

爱是对孩子的鼓励和帮助，用对孩子有益的方式，帮助他们经历所必须经历的失败和挫折，使他们更自信，生活更自律，更有感恩的心。

爱是对家人的感恩和包容，不苛责抱怨，接受彼此在个性、习惯上的差异，不去试图改变家人，而是努力提升自己。

有人说，爱是人一生中唯一不会失去的天赋，让我们把爱的天赋在每一场对话中都尽情发挥出来，让我们成为爱的管道，把爱流淌出来。

方法篇

静静地听，慢慢地说
亲子对话的基本功

———————

听，很容易，有耳就能听。

听，又很难，需要用心、用爱，静静地听。

说，很简单，有嘴便会说。

说，又很难，需要用耐心、用智慧，慢慢地说。

第一章＿＿＿＿＿＿＿＿＿＿＿＿

爱的首要任务是倾听

人生起起伏伏，我们不能为所爱的孩子解决所有的问题，却可以陪在他身旁，安静地听他说。此刻，倾听便是爱。

晚饭时间到了，杰克还没有回家。往常这个时候，他早就迫不及待地喊着要开饭了，今天却有点特别。妈妈在饭桌前寻思：这孩子一下午都不在家，准是和小朋友们玩疯了，连吃饭都顾不上。

正想着的时候，门开了，杰克走进来。

妈妈： 你终于回来了！下午去哪儿玩了？

杰克： 我去盖瑞爷爷家了。

妈妈： 哦，苏珊奶奶上周刚去世，盖瑞爷爷一直很难过，好几天都不出门。我邀请他来家里吃饭，他也不肯。不知道他现在心情好些没有？

杰克： 盖瑞爷爷答应我下周来咱们家吃饭。

妈妈： 真的？看样子，盖瑞爷爷应该好一些了。

杰克： 嗯。我走的时候，他抱抱我，说"谢谢你"。

妈妈： 你下午在盖瑞爷爷家做了什么，他要谢谢你？

杰克： 我就坐在盖瑞爷爷边上，一直听他说话。听他讲他和苏珊奶奶的故事，有些我听不懂。但是，看到他哭，我就陪他哭。我离开的时候，他说他已经好很多了。

妈妈抱起杰克，她被儿子所做的事情深深地感动了。

倾听给人带来疗愈、安慰和力量。

在所有关于沟通的学习中，"倾听"一定是被放在最重要的位置，也是占据篇幅最大的。"倾听"可以说是一切沟通的基础。

沟通当中的"倾听"，就像我们在考试做题时的审题一样，如果我们连题目都没有审读清楚，后面的做题技巧再高明，算法再出彩都是枉然。

与孩子对话，需要先从"倾听"开始。在这一章的学习中，我们首先带领大家做一个"倾听值测试"，看看我们在倾听方面有哪些地方做得好，哪些地方有挑战。

做完这套"倾听值测试"之后，我们会对每道题目做客观的分析，最后给出提高"倾听值"的具体方法。

有效的对话始于良好的倾听

很难想象如果没有良好的倾听，一场对话会怎样开展。倾听，意味着要付出时间、付出爱。人们之所以不能或者不愿意倾听，很大程度上是认为对方的话不重要，不想花时间和精力去听。而当对方一旦有了"不被重视"的感觉，那么，对话的通路就已经形成了阻塞，他要么沉默不再表达，要么表达的时候掺杂了不满。

因此，我们有理由相信任何一场有效的对话都始于良好的倾听。

那么，什么才算是"良好的倾听"？为了弄明白这个问题，我们先请父母一起来做一项"倾听值测试"。

如果孩子要参加考试，你会怎么叮嘱他？

"看清楚题目。"

"认真答好每一道题。"

"别慌，做完以后仔细检查一下。"

……

我们即将开始的这项测试，同样需要父母用心作答，如果心不在焉或马马虎虎，只会浪费自己宝贵的时间。

请找一段整块的时间（大约 20 分钟左右），并确保在这段时间内自己不被其他任何人或者事情打扰，收摄身心，保持专注，认真阅读每一道题目，诚实地给出自己的答案。

　　准备好了吗？请按照下面的步骤，开始你的测试！

"倾听值"测试

1. 准备：请拿出一张纸、一支笔。

2. 测试：请用"是"或者"否"来回答下面八个问题。

第一题：孩子说话的时候，我能做到边做事情边听他讲，效率很高。

第二题：孩子说话的时候，我保持同一个姿势来表示对他说的话题感
　　　　兴趣。

第三题：孩子说话的时候，我不干扰他并用同一个面部表情来回应他。

第四题：对孩子描述的事情，我能根据自己的经验快速给出判断和结论。

第五题：如果不同意孩子的想法、做法，我会直言不讳地指出来。

第六题：当孩子提出一个问题，我能很快给出可行性建议。

第七题：在孩子讲述的时候，我不会发出任何声音来回应他。

第八题：孩子描述的事情，我几乎都能听明白。他说完之后，我不需要
　　　　再确认。

　　好的，"倾听值测试"结束了。请翻阅到本书的"附录 A '倾听值'测试答案"并计算自己的得分。看到答案和自己的得分，不知道你有什么感想？

请写下你做完"倾听值测试"之后的感想：

不管你的想法是什么，都请你耐心地把测试分析继续读完。因为"倾听"是如此重要，它值得我们花时间和精力来搞清楚、弄明白。

如果你的得分高于（或等于）5分，恭喜你！因为你在倾听方面已经高于平均水平！如果低于5分，同样恭喜你！因为你有更多的成长空间，只要你稍加努力就会看到明显的进步。无论怎样，找到差距可以更好地帮助自己有针对性地练习。

如果你是和其他父母、朋友一起做的测试，那么不管你的得分是多少，都不要去和别人做比较，因为在一些父母看来很容易做到的事情（例如：尽量等孩子希望我们给他建议反馈的时候，才给他建议反馈），可能对其他父母来说却异常纠结（例如：父母常常忍不住给孩子提建议，因为孩子确实没有经验）。有些父母在某一方面做得好（例如：随着孩子的讲述，用微笑、皱眉等面部表情来回应他），而有些父母在另一些方面做得好（例如：对孩子所描述的事情，不轻易下结论）。不管怎样，最重要的是我们知道每个人都有进步和成长的空间。

希望孩子倾听你，你就要用心倾听孩子

孩子在每次考试结束之后，老师都会带领他们针对试卷做分析，帮助孩子们找出自己的强项和短板，然后就这些短板进行强化练习。

在上一节的"倾听值测试"中，虽然不知道大家的答卷具体是什么样的，但我们相信每个人的得分点都不尽相同。现在，我们也带领大家做个"试卷分析"。因为只有通过这样的分析和反思，才能找到突破点，进行有针对性的练习，从而提高我们的"倾听值"。

第一题，"孩子说话的时候，我能做到边做事情边听他讲，效率很高"。这道题在提醒我们是否陷入倾听的第一个误区——不专注，也就是在听孩子说话的时候心里想着其他事情，或者手上做着其他事情。倾听意味着专注于孩子的话题，不去想洗衣机的衣服还没洗、明天的聚会穿什么……

有的父母可能会说："回到家里有那么多事情要去想、去做，我不可能停下手上的活儿，去听孩子说的每一件事情。"这的确是个现实问题。我们可以根据当时的情形来处理。

当我们手头的确有重要又紧急的事情需要去处理，可以这样和孩子说："妈妈现在要处理一件紧急的事情，大概需要 10 分钟，你看到钟表的长针走到这里的时候，妈妈就可以过来听你说话了。"或者"妈妈现在要做饭，你愿意妈妈一边做饭，一边听你讲，还是愿意等妈妈做完饭，然后再听你讲？"

"倾听"并不意味着孩子可以要求父母随叫随到，孩子需要学习等待。

第二题和第三题，"孩子说话的时候，我保持同一个姿势来表示对他说的话题感兴趣；我不干扰他并用同一个面部表情来回应他"。这两道题旨在提醒我们，当孩子表达的时候，我们应该用什么样的身体语言来回应他。

心理学家发现，在人与人的沟通中，对结果产生影响最大的因素是表情和动作，这些身体语言占 55%（占的比例最大），语调语速占 38%，内容只占 7%。

倾听，不光是用耳朵，我们的整个身体都在给孩子传达着信号——"我想听下去"，还是"我已经没有耐心听你说了"！很多时候，我们嘴上没有说，但是整个身体和面部表情已经在告诉孩子："你怎么还没说完？"

用"眼"倾听，一方面用目光的关注来鼓励孩子表达，另一方面，通过对孩子的眼神和"微表情"的观察，读到他语言背后的故事。比如：当他说到一件事情的时候，两眼放光，说明这件事情让他很兴奋。如果皱眉头，表示这件事情让他不悦或者为难。

此外，通过面部表情表示出我们对孩子情绪的共鸣：当他表达难过的时候，用难过的表情回应他；当他表达遗憾的时候，用惋惜的表情回应他。总之，"幸福着他的幸福，痛苦着他的痛苦"。

所以，孩子在说话的时候，我们尽量用眼睛看着他；用点头、身体前倾等肢体语言，表示对他说的话题感兴趣，并随着他的讲述，用微笑、皱眉等面部表情来回应他。

第四题，"对孩子描述的事情，我能根据自己的经验快速给出判断和结论"。这道题描述的是大多数父母最容易走进的误区之一。通常我们会觉得孩子还小，基本上他一说什么，我们就能根据经验判断出是怎么回事了。但遗憾的是，这样的想法让我们没有办法用开放和公正的心态来听孩子说。

我们不必用成人的经验来做判断，"他肯定是…"，"当时一定是…"，我们没有亲临现场，不能完全预设当时的情况，所以需要用"空瓶子"的心态来听。因为我们心里一旦有了预设，那么之后的谈话都会"选择性倾听"，只选择听符合我们判断的信息，而过滤掉其他信息，最终影响对事情客观的判断。

所以，对孩子所描述的事情，轻易下结论会让我们错失很多信息。

第五题，"如果不同意他的想法、做法，我会直言不讳地指出来"。这种情景对父母来说，也常常是个不小的挑战。英文中有句俗语"agree to disagree"，通俗地讲，就是"同意有不同的意见和观点"。我们需要允许孩子站在不同的立场上表达自己的想法，我们要做的不是急于去反驳，而是先听。因为当我们想要反驳和争论的时候，我们的耳朵也同时关闭了。

所以，即使不同意孩子所说的，我们还是不要急于反驳，认真地听他背后的感受、想法、诉求，他已经做了什么，他将要做什么。

第四题和第五题都是在提醒我们，不要走进"选择性倾听"的误区，不要根据我们自己的经验、价值观、喜好，带着预设甚至是带着成见去倾听，这样会损失掉很多重要信息。这也是为什么有些父母常常不解："我在听孩子说话呀，可是孩子还是觉得我不理解他！"

第六题，"当孩子提出一个问题，我能很快给出可行性建议"。这道题是提醒父母，在孩子面前忍住自己好为人师的习惯。当孩子提出一个问题的时候，我们会忍不住告诉他答案或提建议，却经常忘记：孩子在叙述和表达时，就是梳理自己思路的过程，很多时候，孩子在厘清感受和想法之后，自己就找到了解决办法，或者他们只是希望找到能听自己倾诉的人，并不想得到任何建议，而父母急于给建议反而会打断他们的思路。

所以，我们可以等孩子希望我们给建议或反馈的时候，再提供给他们（参见第二章中"表达力测试"第三题"忌急于提建议"的解读）。

第七题，"在孩子讲述的时候，我不会发出任何声音来回应他"。第八题，"孩子描述的事情，我几乎都能听明白。他说完之后，我不需要再确认。"这两道题是在告诉我们什么是"合宜"的回应：孩子在说话的时候，父母用简单的词语"嗯""哦""是这样啊""我明白了"来回应他，表示"我在听"，并且鼓励他继续说下去。等孩子说完了，父母做简单的总结和确认，"哦，我明白了。你的意思是……"保证我们没有理解上的偏差，确认我们听懂了，也让孩子感受到我们重视他所说的内容。另外，我们总结孩子所说的内容，能帮助孩子梳理思路，抛开细枝末节，把问题看得更清楚。

这样的分析帮助我们看到"倾听"不是理所当然的事情。关于"听"的俗语很多："画外音""听话要听音""说者无意，听者有心""听而不闻"……可见"听"不是个简单的动作，而是需要付出时间和精力，而这正是爱的具体体现。

我们有一双眼睛、两只耳朵、一张嘴巴，就是要多看、多听、少说。

提高"倾听值"的"三要三不要"

做完"倾听值测试",也进行了分析,我们对自己的"倾听值"有了一定程度的了解。不管我们的得分是多少,都有了努力的方向。接下来,我们一起学习提高"倾听值"的方法。

首先,我们来做个换位思考,把自己的角色从"听者"切换到"说者",了解和体会当我们在"说"的时候,期待对方怎样来"听"。

请认真思考并回答下面的问题:

1. 当我和朋友说话的时候,如果对方用眼睛看着我,用表情来回应我,他不打断我,也暂时不评论我的想法、做法,只是专注地听我说话,我的感受是什么?

2. 当我和朋友说话的时候,如果对方的眼睛看着别处,或者时而打断我,时而迫不及待地给我建议,我的感受是什么?

这两道题帮助我们理解:孩子在说的时候,期待父母怎样听。

这两道思考题可能的答案:

1. 当对方倾听我讲话时,我的感受是:
   被尊重、被关注、被鼓励、被安慰、被支持,他在乎我,我更愿意和他多说话……

2. 当对方不听我讲话时，我的感受是：

沮丧、失落、被忽视，他不关心我，他不关注我，他不在意我，我不想和他多说话……

通过这样的思考，我们可以切身体会到当我们"被倾听"的时候，感受是愉悦的，也更能增进彼此之间的关系。相反，当"不被倾听"的时候，我们的感受是负面的，并且彼此的关系在疏远。可见"倾听"是带着力量的，可以增进或者削弱彼此的关系。

那么该如何提高"倾听值"呢？我们总结出了倾听的"三要三不要"。

第一：要保持专注，不要心不在焉

在前面"倾听值测试"分析中，我们已经知道了保持专注的重要性。如何把"保持专注"转化成具体的行动呢？

方法 1：眼看

研究表明，人们通过"看"得到的信息要比单纯"听"得到的信息多，而"听"比"读"得到的信息多。我们在日常生活中都有这样的经验：当我们面对面沟通时，可以通过观察对方的神情举止来帮助我们解读对方想要表达的意思，它所得到的信息要比电话沟通更丰富。而电话沟通时，我们可以通过"听"对方的语气、声调来解读信息。而"读"文字，我们无法知道对方的表情、态度，因此，通过短信、微信、邮件这样的文字沟通，信息会被损失得更严重，更容易造成误会。这也是为什么重要的事情最好当面交流，其次是电话联系，最后才是文字沟通。

那么在和孩子沟通的时候，我们"看"什么？

身体语言：他的身体是放松的还是紧张的？（显示出这件事带给他的压力如何）他是在漫不经心地说，还是在郑重其事地说？（显示出他对这件事的重视程度如何）……

目光：他的眼神是专注的，还是游离的？是坚定的，还是犹豫的？（显示出他对这件事的确定程度）……

面部表情：是恐慌？担心？失望？不耐烦？（显示出这件事带给他的感受是什么）……

方法2：耳听

内容：孩子所描述的时间、地点、人物，做了什么、为什么做、怎么做的……

语气：生气还是平静？紧张还是放松？

音量：小声说，还是大声说？隐蔽地说，还是公开地说？

语速：慢悠悠的？急速的？不紧不慢的？

重音：孩子说话的重音放在哪里，帮助我们了解他说话的关键词是什么。我们可以体会一下：重音不同，孩子所要表达的重点就不同。例如：

"**他**竟然这样说我！"（孩子在强调说话的人。）

"他竟然**这样**说我！"（孩子在强调对方说话的内容和方式。）

"他竟然这样说**我**！"（孩子在强调"我"被说。）

方法3：心想

事实：孩子还有哪些话没有说出来？例如：他只说了老师的做法，那其他同学们的反应是什么？接下来又发生了什么？

感受：孩子说这件事的感受是什么？伤心、气愤、失望、烦躁、难过？

想法：孩子如何看待这件事情？他如何处理这件事情？

期待：孩子对你的期待是什么？希望得到安慰，还是想得到帮助，或者只是想分享他的心事？

孩子对他所描述的事情的期待是什么？他希望得到什么样的结果？

通过"看""听""想"帮助我们得到更多的细节。

第二：要简单回应，不要打岔干扰

科学研究发现，一个人平均只听 17 秒就忍不住想打岔。我们可以用下面三种简单回应的方法代替打岔。

方法 1：表情回应

当孩子表达情绪的时候，父母用相应的表情显示我们不仅听到了，而且体会到了他的感受。

孩子快乐或者兴奋时，父母用微笑回应他。

孩子难过或者说比较严肃的话题时，父母也用严肃的表情告诉孩子：我"听到"了你的情绪。

孩子感到压力时，父母用镇定和平静的表情，缓解孩子的压力。

方法 2：动作回应

点头：并不一定表示我们同意他说的观点，而是告诉孩子："我在听，你可以继续说下去。"

身体前倾：表示我们对他说的话题感兴趣。

方法 3：语言回应

听孩子说话的时候，用简单的"嗯""哦""是这样啊""我明白""后来呢"回应，表示"我一直在听，你继续说"。

第三：要总结询问，不要否定武断

我们前面已经讲过，听孩子说完之后要做总结确认，用简短的几句话总结他刚才所表达的，并询问孩子对父母的期望和对事情的期望，这样我们才能更有针对性地提供帮助。

方法 1：总结内容

对孩子说的事情经过进行总结："你刚才说的是……""我明白了，今天发生的事情是……"

方法 2：确认感受

确认并说出孩子的感受："这件事情让你很……"（生气、难过、失望、伤心、紧张、害怕……）

方法 3：询问期望

询问孩子对父母有什么期望："你希望我怎么帮你？"询问孩子对自己描述事情的期望："你希望老师怎么做？""你是想……"

下面我们来看看倾听的"三要三不要"在同一个场景下，父母的两种不同回应方式，结果有什么差异。

背　景 __ 女儿从幼儿园回到家里，向妈妈讲述新老师不喜欢自己。

对话回放 __01

女儿： 妈妈，今天科学课来了一位新老师。

（妈妈在看手机没有回应。）

女儿： 妈妈，你在听我说吗？

妈妈（继续看手机）：听着呢，听着呢。你说吧！［进入倾听的误区——不专心。参见"倾听值测试"第一题的解读。孩子说话的时候，我们尽量不做其他事情，专心听他说。］

女儿（难过地）：老师不喜欢我。

妈妈： 为什么呀？［"为什么"听上去通常会意味着"有问题"，或者"你一定做错了什么"。参见第二章中"表达力测试"第七题"忌追问'为什么'"的解读。最好改为："老师做了什么，让你觉得她不喜欢你？"］

女儿： 我今天上课举手回答问题，可老师好几次都叫其他同学回答，不叫我回答。她就是不喜欢我！

妈妈： 你不能这么说。不叫你回答问题，也不见得就是不喜欢你。［急于否定孩子的想法。参见第一章中对"倾听值测试"第五题的解读。即使不同意孩子所说的，还是不要急于反驳，先听孩子说完。］

女儿： 她就是不喜欢我！

妈妈： 肯定是老师没有看见你举手。［急于下结论。参见第一章中对"倾听值测试"第四题的解读。听孩子说完再做判断。］你应该把手举得高高的，老师就看见了。［急于给建议。参见上篇"倾听值测试"第六题的解读。我们尽量等孩子希望给他建议反馈的时候，才给他建议反馈。］再说了，就算不喜欢你，也没有什么。你也不可能让所有的老师都喜欢你。有不喜欢你的老师很正常。妈妈在公司，也不是所有的同事和老板都喜欢我，我自己把工作做好就行了。没有必要让所有人都喜欢……[说教。这些道理都没有错，只是需要考虑到：孩子当下的感受是什么？她需要什么样的帮助？一味地说教，会让沟通受到阻碍。参见第二章中对"表达力测试"第二题"忌说教"的解读。]

女儿（生气地）：算了，别说了！烦死了！

妈妈： 你这孩子怎么一点儿挫折都受不了呢？老师不叫你回答问题，你就气成这样，以后经历的事情多着呢，那你怎么办？[指责。参见第二章中对"表达力测试"第八题"忌责备抱怨"的解读。]

女儿（愤然离去）：不和你说了！

对话回放 _02

女儿： 妈妈，今天科学课来了一个新老师。

妈妈： 哦？[简单回应。]

女儿（难过地）：她不喜欢我，对我特别不好。

妈妈[眼看耳听：从表情和声音上观察，她对"老师不喜欢我"的在意程度怎样？她此刻的心情是什么？心想：科学课上发生了什么事情？孩子"不被老师喜欢"的感受是什么？是伤心难过？还是愤愤不平？另外，孩子在说某个人"不喜欢我"的时候，说明她心里在乎与对方的关系。]

妈妈（理解的语气）：哦，你觉得新来的科学老师不喜欢你，所以你不高兴了。

[总结孩子刚才说的，用理解孩子的语气说出孩子的感受，在寻找老师不喜欢孩子的原因之前，先接纳她的感受。]

女儿： 嗯。

妈妈： 她做了什么事儿让你觉得她不喜欢你？

[注意：这里妈妈没有问"为什么"，而是换一种问法来寻找原因。参见第二章中对"表达力测试"第七题"忌追问'为什么'"的解读。]

女儿： 我今天上课举手回答问题，可老师好几次都叫其他同学回答，不叫我回答。她就是不喜欢我。

妈妈（搂着女儿）：哦，我明白了。上课老师提问，你知道答案，但老师没叫你来回答。

[通过总结孩子说的，帮助她梳理思路，把孩子对"老师不喜欢我"的判断，转化为一个具体的事情"老师没有叫我回答问题"。将"观点"（老师不喜欢我）转化为"事实"（老师没有叫我回答问题），不去强化孩子所说的"不喜欢"]

女儿： 就是！她不叫我回答，我以后就不举手了。

妈妈： 其实你希望科学老师叫你回答问题，对吗？[说出孩子的期望，并引导孩子用积极主动的方式来解决问题。]

女儿： 嗯。

妈妈： 那怎么才能让老师叫你回答问题呢？

[没有直接给孩子建议，而是把问题抛给孩子，让孩子自己想办法。她自己想出的办法，才更有动力去执行，并享受或者承担这个办法所产生的结果。]

女儿： 我把手举高点。

妈妈： 很好啊！这样老师就可以看见你举手，也看出你有多想回答问题了。[鼓励赞赏孩子的办法。]

女儿： 嗯！

妈妈： 还有呢？[启发孩子多想办法。]

女儿： 我下课的时候告诉老师，我想回答问题。

妈妈： 好呀！把自己的想法直接告诉老师，好主意！

妈妈： 还有呢？

女儿： 没有啦。

妈妈： 好的。你想不想明天就来试试你找到的这两个办法？

女儿： 想！

解　读＿对比同一场景下两种不同的对话方式，我们看到：

在第一种对话方式中，妈妈不专注（看手机）、急于否定孩子的想法（"你不能这么说……"）、轻易下结论（"肯定是……"）、急于提建议（"你应该……"）、说教（"再说了……"）、追问为什么（"你为什么……"）结果双方不欢而散。

而在第二种对话方式中，妈妈通过眼看（孩子的表情）、耳听（孩子说话的语气语调）、心想（孩子的感受、想法）、简单回应（"哦"）、总结确认（"我明白了……"）、询问期望（"你希望老师……"），来倾听孩子的心声，理解她的感受，帮助孩子梳理问题，把孩子所判定的"老师不喜欢我"这样的观点，引导到具体的事实上——"上课回答问题的时候，老师没有叫我。"并且在后续的对话中，启发孩子来想办法（"你觉得怎么才能……""还有呢？"），如何能在上课的时候有机会回答老师的问题。让一件"坏事"转化为积极的、有价值的经历。

下一步 __ 妈妈可以在后续的几天中，尝试了解孩子的更多信息，但不建议直接问孩子："老师是不是喜欢你了？""老师今天叫你回答问题了吗？"作为父母，我们不必把关注点放在老师是不是喜欢孩子，或者孩子是不是在课堂上有很多回答问题的机会。可以这样来问："今天科学课学什么了？""课上有什么好玩的？"引导孩子把注意力放在科学课上学到了什么。

当然，孩子都愿意被老师喜欢，但是做父母的需要对孩子的关注点有所引导。

对照一下，你的对话方式是哪种？你有哪些经验或者教训来分享：

掌握倾听的"三要三不要"，目的是设身处地从孩子的角度，找到他想要表达的重点，来帮助我们理解他的感受，更多地了解他的所说、所思、所想、所感，从而可以更好地引导和帮助他。

《只需倾听》（*Just Listen*）的作者马克·郭士顿（Mark Goulston）在《微影响》（*Real Influence*）一书中转述音乐人格兰尼的一段话："真正的倾听不是置身事外，它需要你主动参与、感受；需要你在理智、情感和身体的层面充分地投入。倾听是一个需要调动多项器官、主动参与的过程，它不是被动的反应，而是一种创造。为了更好地倾听，你必须感受，而不只是思考。"马克也在书中提到：倾听是一个需要你全身心投入的体验。你需要专心地理解对方，看见、听见、用心感受对方的立场。高效倾听是一段充满同理心的探险之旅，也是一段理解之旅。你需要深入探索对方的想法、感受、心态。

俗话说"光说不练假把式"，我们既然已经学习了关于"倾听"的方法，如果不去练习，那么所有的学习也都是枉然。练习是个循序渐进的过程，更是一个坚持不懈的过程。

下面的"倾听练习记录"帮助大家在日常生活中，记录下自己在"倾听"方面的运用过程、效果以及反思。建议大家在做练习的时候，综合运用我们所学习的内容，同时，重点训练你最想练习的一个方法（例如：即使不同意他的想法、做法，我也不急于反驳，继续认真听他说完）。

我们的练习对象，可以是孩子，也可以是爱人、父母、同事、朋友、客户。他们都是我们身边很好的学习资源，也是帮助我们成长的学习伙伴。

倾听值练习记录表

时　　间：　　　　　　　　地　　点：

练习对象：　　　　　　　　对话背景：

对话内容：

运用了倾听的哪种方法：

自我评估效果如何：

对方感受如何：

运用方法过程中，有哪些做得好的方面：

运用方法过程中，有哪些还可以提高的方面：

运用方法过程中，有哪些新的发现：

运用方法过程中，遇到了哪些挑战：

有哪些具体做法可以面对这个挑战：

在下次练习的时候，如何做得更好：

爱的首要任务是倾听

提高"倾听值"的"三要三不要"

第一：要保持专注，不要心不在焉

眼看：身体语言、目光、面部表情

耳听：内容、语气、音量、语速、重音

心想：事实、感受、想法、期待

第二：要简单回应，不要打岔干扰

表情回应：微笑回应开心、严肃回应难过、镇定回应紧张

动作回应：点头、身体前倾

语言回应："嗯""哦""是这样啊""我明白""后来呢"

第三：要总结询问，不要否定武断

总结内容："你刚才说的是……""我明白了，今天发生的事情是……"

确认感受："这件事情让你很……"

询问期望："你希望我怎么帮你……""你是想……"

第二章＿＿＿＿＿＿＿

用爱心说智慧的话

如果我们留意身边的人、事、物，处处可以看到智慧的言语。

提到宜家，我们会想到这是一家世界知名的家具家居零售商，它极具北欧风情的设计吸引着我们。如果留意的话，会发现宜家对产品、服务、商场购物环境的广告语也非常用心。在它的一部停运的扶梯口上，写着这样一句话："做有意义的简单事。必要时减少运行的扶梯数量，我们可以更加低碳环保。"看到这样的文字，不但可以让我们多理解，少抱怨，更能激发"少坐一部电梯也是在为环保做贡献"的想法。它的智慧在于把一件普通的事情，赋予了积极又与众不同的意义。

我们曾经在一家餐厅，看到在每张餐桌上贴着这样的提示语："如果您把用完的餐具放回指定位置，我们的工作人员将会有更多的时间为您提供更好的服务。"餐厅管理者站在就餐者的立场来告诉大家：如果这样做的话，能为自己带来什么益处。这样人们更愿意自觉把餐具放回指定位置。

这样的表达体现了沟通的核心要素——"换位思考"。

想一想，相对于"电梯停运""请把餐具放到指定位置，违者罚款"，你更希望听到哪种表达？

让我们学习用爱心说智慧话。

我们的话会成为孩子内心的声音

在经典电影《阿甘正传》中，主人公阿甘有一句口头禅——"妈妈说……"。的确，这位睿智妈妈的话影响了阿甘的一生。

影片的开始，阿甘送儿子上了校车后，坐在公交车站的椅子上，手里拿着一盒巧克力，回忆起他过往一生的经历，说出了那句经典台词——

妈妈说："人生就像一盒巧克力，你永远不知道下一块是什么味道。"

阿甘小时候因为身体缺陷，常被路人用异样的眼光打量。但阿甘从来没有觉得自己是个另类，因为——

妈妈说："记住，孩子，你和其他任何人是一样的，你们没有区别。"

阿甘的智商只有 75，同学问他："你是不是有点傻？"邻居嘲弄他："你是疯子还是傻子？"他不卑不亢地回答——

妈妈说："做傻事儿的才是傻子。"

阿甘从躲避同伴欺辱的孩子，后来成了大学橄榄球明星、家喻户晓的越战英雄、乒乓球外交大使、企业家。因为他一直相信——

妈妈说："每天都会有奇迹。"

他成为富豪之后，把钱捐给了医院、教会，战友布巴的家人。因为他记得——

妈妈说："钱不用太多，够用就好。多余的钱只是用来炫耀的。"

他心爱的女孩珍妮离开了，他陷入不解和迷茫，他想起——

妈妈说："你得放下往事，才能继续前行。"

阿甘获得了很多成功和荣誉，却一直保持着淳朴、善良、大智若愚的美好品质，可以说妈妈智慧的言语缔造了阿甘的传奇人生。

美国知名家庭教育专家佩姬·奥马拉（PeggyO'Mara）说："我们对孩子说过的话会成为他们内心的声音。"（The way we talk to our children becomes their inner voice.）

相信我们都愿意像阿甘妈妈那样，成为对孩子有影响力的人。我们来回顾每天在点点滴滴中，对孩子说的那些话，对孩子有怎样的影响。

先来测试一下我们的"表达力"水平。

同样，请找一段整块的时间（大约 20 分钟左右），并确保在这段时间内自己不被其他任何人或者事情打扰，静心宁神，保持专注，认真阅读每一道题目，诚实地给出自己的答案。

请按照下面的步骤，开始你的测试！

"表达力"测试

1. 准备：请拿出一张纸、一支笔。

2. 测试：请用"是"或者"否"来回答下面八个问题。

第一题：孩子心爱的小熊玩具摔坏了，心里很难过。我会如何对他说？

耐心地对孩子说："别难过，咱们还有很多其他玩具可以玩。""不就是个小熊玩具吗？这没有什么好难过的！让爸爸下次出差再给你买一个。"

我还会如何安慰孩子？

第二题：孩子从学校回到家里，抱怨老师留的作业太多："老师今天留这么多作业！真烦人！"我如何回应？

动之以情，晓之以理："学生的任务就是学习，老师布置作业是为了让你们温故而知新。不写作业怎么巩固上课的知识？不能因为作业多就心生抱怨，抱怨不起任何作用……"

我还会怎样回应孩子？

第三题：孩子的同学邀请他周六晚上参加生日聚会，但是他的另外一个好朋友也在同一天过生日，同样邀请他参加聚会。孩子很为难不知道该怎么办。我要如何帮助他？

马上提供一个两全其美的办法："你可以先去同学的生日聚会，快结束的时候再去好朋友的聚会，这样两边都不耽误。""你应该今年只参加好朋友的聚会，明年再去同学的生日聚会，轮流来。"

我还会如何帮助他？

第四题：孩子兴高采烈地从幼儿园回到家里，手里拿着自己的画，让我看。我如何赞赏他？

兴奋地夸奖说："哇！宝贝画的真好！你真是个小画家！""真棒！我家宝宝就是有画画的天分！"

我还会怎么夸孩子？

第五题：为了给孩子树立榜样，拿同学、亲戚的孩子来激励他："你看佳佳，她每天放学回家，先写作业再玩。你要多向人家学习。"

我还会用哪些方式来激励孩子？

第六题：孩子在商场里要求买玩具，我不同意。孩子开始大哭大闹，如何应对这种场景？

用坚定的语气对孩子说："你再这样无理取闹，我就走了，不管你了！"

我还会用什么方式来阻止孩子哭闹？

第七题：孩子回家告诉我在幼儿园被小朋友打了。我如何回应他？

听到孩子受欺负，心里很生气，追问他："怎么回事儿？他为什么打你？老师知道吗？你为什么不去找老师？"

我还会用什么方式来问孩子？

第八题：孩子把书落在学校，这已经不是第一次了。我如何对孩子说？

批评他："我说过很多遍了，把东西都收拾好，你什么时候才能记住呢？"

我还会用什么方式对孩子说？

好的！"表达力测试"结束了。请翻阅到本书的"附录 B '表达力'测试答案"，对照答案并计算自己的得分。看到答案和自己的得分，不知道你有什么感受？

请写下你做完"表达力测试"之后的感想：

　　如果你的得分高于（或等于）5分，说明你的表达力高于平均水平！如果低于5分，意味着你有更大的成长空间。无论怎样，这个"表达力测试"结果并不是最重要的，重点在于我们找到问题在哪里，以便更有针对性地提高表达力。

语言是带着力量的

　　中国有句古话："良言一句三冬暖，恶语伤人六月寒。"意思是：一句善解人意的、给人安慰的话，即使在寒冬也会让人感到温暖；而一句不合时宜、贬损抱怨的话，尽管是在酷夏也给人带来寒意。语言带着强大的力量。我们不可低估自己的话带给孩子的影响。

　　也许你已经意识到自己的表达方式有问题，但是却苦于不知道如何纠正。现在，我们就带领大家做"表达力测试"的分析。

第一题：忌否定感受

当孩子处于伤心、难过、失望、生气……这样的负面情绪时，"这没什么，别难过"常常会成为我们脱口而出的安慰话。我们自己并没有觉得这样说有什么不妥。但事实上，"难过"是他此时此刻最真实的感受，实实在在地存在着，用"这没什么，别难过"来否定孩子的感受，不但不能安慰到他，甚至可能会激怒他。这就是为什么我们这样安慰孩子的时候，孩子反倒更难过，或者更生气，而我们却觉得孩子不可理喻。

另外，这样的安慰会给孩子造成一种对自己感受的怀疑："我明明很难过，但是妈妈却说我不应该难过。"就像前几年网上流行的一个段子，"有一种冷，是妈妈觉得你冷"。所以，感受和情绪是我们内在的一种真实体验。就像我们每个人对于温度的感受不同、对事物的反应不同。

父母可以通过肢体语言（比如拥抱孩子）来表达出对孩子的安慰，也可以帮助孩子表达出他们当下的感受，比如"妈妈知道小熊玩具摔坏了，你很难过"。

第二题：忌说教

讲大道理，把一件事情说得上纲上线，是父母在和孩子沟通时最容易走进的误区之一，也最容易引起孩子反感。其实作为成人，在工作和生活中也不喜欢听这样的说教。说教的每句话听上去都很有道理，但是因为当事人还在情绪中，对这些道理其实是听不进去的。

另外，对孩子来说，他们与父母沟通时，首先希望自己的感受能被父母理解，其次他们需要得到具体的、可操作性的指导。空洞的大道理并不能帮助孩子去面对他们当下的难处，反而让他们的负面情绪更加升级，并且容易在"对老师留的作业多"的不满情绪上，又增加"对父母不理解自己"的失望，让他们陷入更加复杂交错的情绪当中。

其实，孩子发牢骚，只是希望得到父母的理解，他们未必真的会放弃写作业。我们可以这样表达："作业是不少，你希望我能帮你做点什么呢？"当孩子的感受得到理解，他们也就更容易接受现实了。

第三题：忌急于提建议

很多情况下，我们看到孩子纠结于一件事情不知所措的时候，实在忍不住要给他们提供建议。其实我们可以通过提问的方式，帮助孩子梳理思路，找到他纠结的关键点。比如："你如果不去同学的聚会，会担心什么？""你如果错过朋友的聚会，有什么顾虑？""对参加生日聚会，你最期待什么？"……最后，让孩子自己通过权衡做出决定。这样做，一方面培养了孩子梳理问题、解决问题的能力，另一方面，他自己做出的决定，也愿意为决定的后果承担责任。如果父母急于给他提供解决办法，孩子就错失了自己分析问题和解决问题的机会。

另外，如果父母给出的解决办法产生不尽如人意的结果，孩子反过来会抱怨父母："都是你们当初非得让我这样做！"

并不是说在孩子遇到纠结的事情时，不能给任何建议。而是说，我们要先帮助孩子对问题进行梳理，让孩子对问题有个比较清楚的认识和判断之后，可以用这样的方式来提建议，"你是不是可以尝试……""你有没有想到这样来做……""我的建议是……供你参考。""如果……会不会要好些？""你看这样好不好……"同样，父母心里也要明白，我们的建议只是建议，是否被采纳仍然取决于孩子自己。

第四题：忌空洞的赞赏

对孩子说"你真棒"这样空洞的赞赏有非常多的副作用。最明显的副作用之一就是干扰孩子的行为，让他反而不敢做进一步尝试，让孩子误认为"万一没成功，我就不棒了"。因此，有的父母会奇怪，自己在家里经常赞赏孩子，但是，为什么孩子反倒表现得没有自信，不愿意做尝试？

不恰当的赞赏，还有其他副作用。例如，这种轻易的表扬可能会让孩子对赞赏产生依赖，做任何一件事情都要"求赞"，如果别人不表扬他，他就不高兴闹脾气，产生"求赞依赖症"。还有，这种笼统的夸赞忽略了孩子努力的过程。孩子并不知道自己究竟"棒"在哪里，反而会被误导，认为只要结果达到了就是棒的，容易走向为了追求结果，而忽略过程，或者寻求不好的方式来达到那个结果。

我们可以将空洞的赞赏转化为具体的描述。比如，"你这幅画的色彩搭配得很和谐！""你这次涂色都涂到了框里面，很细致！"这样孩子就知道自己好在哪里了。

第五题：忌比较

我们在从小的成长经历中，都听说过那个"别人家的孩子"，父母常把他们当作我们学习的榜样。"比较"是破坏关系的杀手锏。在我们成人世界中，如果我们拿自己的老公/老婆和别人比较："你怎么不能像人家老公那样会挣钱又疼老婆？""你怎么不能像人家媳妇那样会做饭又会处理家庭关系？"请问我们会从心里感激对方"谢谢你为我树立了好榜样，我一定好好向他/她学习"吗？还是会想"他/她那么好，你找他/她过日子去吧"！

另外，从小在"比较"中长大的孩子，即便以后非常优秀，也并不能产生真正的自信和安全感。因为他的优秀是建立在与别人"比较"的基础上的，"山外有山，人外有人"，当有一天这些优秀的孩子被别人比下去的时候，自信心很容易受挫。即使是一直出类拔萃的孩子，也生活在诚惶诚恐之中，因为总是会担心有人超越自己。

我们可以让孩子和过去的自己比较，帮助孩子看到自己的进步。如"我注意到你今天回家只玩了一会儿，就去写作业了。比昨天提前半个小时开始写作业，有进步。"

每个孩子都是独一无二的，父母要学会欣赏孩子的独特性，帮助他们通过学习成为更好的自己，让他们活出自己本来的样子，这样才能给到孩子最坚实的自信心。

第六题：忌威胁

"我不管你了！我不要你了！"也许父母觉得这样说只是吓唬一下孩子，没有多大关系。这样的话对于小一点的孩子，甚至会让他马上停止一些不当的行为，看上去十分见效。但是在亲子关系中，所有立竿见影的方法，都需要特别谨慎。孩子的变化是发自内心的，还是出于恐惧？如果孩子是出于恐惧而做出的改变，并没有意识到自己的行为有什么错，那么这种改变只是暂时的、外在的。并且，孩子在恐惧中感受不到爱。

另外，如果父母经常这样对孩子说，所谓的"效果"就会渐渐消失。因为孩子会发现父母并没有真正"不要"自己。时间长了，孩子对于父母的威胁也就不在乎了。

这种情况下，父母可以明确说出自己的期望，并且给孩子一个选择：

"妈妈不期望你这样大哭大闹。你选择继续在这里哭闹，还是我们到旁边的海洋球池那里去玩？"

第七题：忌追问"为什么"

首先，"为什么"是个高威胁性的提问方式，因为"为什么"常常隐含着"做错什么事情"或者"有什么事情是不对的"暗示。当孩子听到"为什么"，他们容易产生"是不是我做错什么了"的感觉，从而产生防御心理，会向我们暂时关闭他们的心。其次，孩子处在情绪中的时候，不太容易能整理出清晰的思路来回答。还有，孩子会担心自己说的理由不够充分，会让父母觉得"就因为这个哭啊，不值得"。

我们可以用威胁性比较低的方式来提问，比如用"是什么原因，他要打你""你是怎么想到这样做的"代替"他为什么打你""你为什么这么做"，这样我们既可以找到事情的原因，同时又不至于让孩子有防御和抵触心理。

第八题：忌责备抱怨

责备抱怨往往不是就事论事，而是就事论人。"书包落在学校"已经给孩子带来影响，指责孩子对当下已经出现的结果起不到任何积极的作用，反而让对话成为充满情绪的对立。

父母面对孩子的失误，用责备抱怨来回应，也会让孩子慢慢习得这样处理问题的方式。当他们在遇到别人做错事的时候，也会用同样的方式来处理，这对他们今后在人际交往、处理问题时都有负面的影响。

父母可以先引导孩子将注意力集中在如何解决已经出现的问题上，将失误带来的损失降到最低，比如说："现在咱们有什么办法可以弥补呢？"并且事后和孩子一起讨论如何避免同样的错误再次发生，比如说："想一想，以后怎么做才能不把书包落在学校？"

通过对这八道测试题的分析，大家有没有对自己的"表达力"有个比较清楚的认识呢？知道了自己的问题出在哪里，就离解决问题更近了！

提高"表达力"的"三要三不要"

纠正一个人的说话方式并不是件容易的事情。因为从某种程度上讲，说话方式反映的是一种思维方式。如果留意的话，我们会发现看问题比较客观、积极和乐观的人，表达和用词会更趋向于肯定、正面，用具体的事实代替评判和论断。

我们都知道，一个人的思维方式相对于说话方式更不容易改变。但好消息是：我们的说话方式和思维方式是互相影响的，19世纪德国语言学家洪堡（Humboldt）就提出语言对人思维的影响——"语言世界观"。如果把他的观点运用到与孩子的对话当中，我们就可以通过纠正说话方式，来改变思维方式。反过来，当我们的思维方式改变了，我们的"表达力"也就提高了。

其实，与孩子说话掌握下面的"三要三不要"原则，就可以帮助我们逐步纠正前文中提到的错误的说话方式。

第一：要客观描述，不要笼统评判

如果我们仔细观察人与人之间的对话，就会发现：用客观描述的方式，会让对话进行得更顺畅；用主观评判的方式，往往容易让对话变成争吵。

其中的原因在于：当我们客观描述一件事的时候，会用第三方视角，展现客观存在或者客观发生的事实。而主观评判会带有个人色彩，因人而异，容易让对话的双方各说各话，难以达成共识。

我们来看看下面两个例子。

**对话一：把主观批评转换为客观描述，把抽象要求转换成具体
　　　　行动**

背　景 __ 孩子在做数学题时，经常出现的情况是：做错的题回头仔细看一遍题目，都能改对。一天晚上孩子在做数学作业，妈妈在边上看着，发现有两道题做错了。

对话回放 __ *01*

妈妈：你怎么这么粗心大意，这道题又做错了！你不是已经会做了吗？
　　　　[以责备和评判"粗心大意"开始对话。]

孩子：我也不知道。

妈妈：你仔细看题了吗？

孩子：看仔细了！

妈妈：看仔细了怎么还会错？以后仔细点儿！[妈妈三次笼统地强调
　　　　"仔细"，但是没有帮助孩子理解"仔细"在做数学作业这件事
　　　　情上的具体含义是什么。]

孩子（很不高兴）：哼！

妈妈： 我看到你数学作业错了两道题。你当时是怎么算出来的？[明确
描述具体的问题，而不是指责"粗心大意"。]

孩子： 我把"7"看成了"1"。

妈妈： 哦，还真是！这两道题都是和 7 有关系，难怪你做错了。[找出
具体的原因来。]

妈妈： 那下次怎么避免把"7"看成"1"呢？[引导孩子考虑以后遇
到同样的问题应该如何避免再次出错，而不是笼统地说"仔细点
儿"。]

孩子： 多看几遍题目。

妈妈： 很好！遇到有"7"和"1"的题目，就读两遍题目，确认到底是"7"
还是"1"。[总结、强化孩子提出的方案，并把孩子说的"多看
几遍"转化为具体的"两遍"。]

孩子： 嗯，好的！

解　读 __

在【对话回放 1】当中，妈妈笼统地强调"粗心大意"和"仔细"，
但是并没有给孩子具体指出"粗心在哪"和"如何仔细"。另外，孩子和
父母对"仔细"的理解不一样。孩子认为自己已经够仔细了，妈妈说还不
够仔细。所以，冲突在所难免。

在【对话回放 2】当中，妈妈把对"粗心大意"的评判，转换成一个
具体的描述——"把 7 看成了 1"，又把"仔细"转换成具体的行动——"遇

到有关 7 和 1 的题，读两遍题目"。通过这样的描述，孩子就能理解自己的问题出在哪儿了，也知道该如何纠正。

下一步 __ 在和孩子沟通之后，父母要观察孩子采用改进办法之后的效果。如果确实发现在数学作业中出现"7"和"1"的题目时，孩子不再出错了，那么记得给予及时的赞赏，当然还是要用描述性的句子："看来你想出来的办法真的管用了！这次都做对了。"

对照一下，你的对话方式是哪种？你有哪些经验或者教训可以分享：

同样，我们发现孩子的好行为，也需要通过具体的描述，而不是笼统、评判式的赞赏，来帮助孩子看到这个好行为的具体表现是什么，明白自己究竟好在哪里。

我们来看看下面的例子。

对话二：用具体的描述代替笼统的赞赏

背　景 __ 下面的场景发生在一个小区的院子里，孩子滑轮滑时，摔了一跤，爬起来继续滑。

对话回放 _ 01

妈妈：孩子你真棒！真勇敢！

孩子：其实我刚才心里挺害怕的，本来是想哭来着。

对话回放 _ 02

妈妈：刚才我看到你滑轮滑的时候摔了一跤，好像快要哭了，但是你还
是自己站起来继续滑。这就是"勇敢"！

孩子：嗯，刚才摔得有点疼。不过，滑轮滑其实挺好玩的。我明天还要滑。

解 读 _

在【对话回放1】当中，妈妈给孩子的评价是"真棒""勇敢"，但
是没有告诉孩子究竟棒在哪里，因为什么事情而勇敢。另外，妈妈仅仅给
出"勇敢"的评价，反而会让孩子想到很多自己"不勇敢"的事情来。

在【对话回放2】当中，妈妈对"勇敢"进行了具体的解释：摔倒了
爬起来继续滑。孩子也就理解了这个具体的行为叫作"勇敢"。他愿意继
续尝试，并享受其中。

下一步 _

妈妈可以继续练习如何把对孩子的笼统赞赏转化为具体的描述。例如，

"你这首歌唱得真好！"转化为——

"你唱歌时的表情很自然，动作也都跟上了音乐的节拍。"

"你挺懂事儿的！"转化为——

"奶奶生病了，你主动给奶奶打电话，问候、关心奶奶。"

"你这幅画画得不错！转化为——

"这些树叶画得好细致，上面的纹路都画得那么清楚。"

对照一下，你的对话方式是哪种？你有哪些经验或者教训可以分享：

第二：要理解指正，不要说教指责

在对"表达力测试"的分析解读中，我们已经学习了要理解而不要否定孩子的感受，说教和指责非但不起作用，反而会阻碍沟通。同时，我们也要知道，理解孩子的感受，并不意味着纵容他的行为。感受可以理解，但是行为还是要指正。

我们通过对话来看看如何用理解和指正代替说教和指责。

对话：理解孩子的感受，指正他的行为

背　景 __ 孩子喜欢嗑瓜子，尤其喜欢趴在卧室床上，边看书边嗑瓜子，还把瓜子皮扔在地上。因为这个事情，母子俩已经吵过好几次了。

对话回放 _01

妈妈： 你怎么又在床上边吃东西边看书？瓜子皮扔一地，多脏啊！

儿子： 我觉得在床上吃东西很舒服，我先把瓜子皮都扔在地上，然后再一起扫。

妈妈（生气）：你不能光自己图舒服，把不舒服留给别人。你在我床上嗑瓜子，渣渣都留在床上，我晚上怎么睡觉啊？你不是刚学过"己所不欲，勿施于人"吗？你不希望别人对你做的事儿，就不要对别人做。学完了就得用上……赶紧收拾了！听见没有？［说教和指责。］

（儿子没有反应。）

妈妈： 你既然不听，那就别看书了！［妈妈本来是要纠正"孩子在床上边嗑瓜子边看书"的行为，结果在没有事先讲好的情况下，用"不让看书"来处理。这样做很容易产生的效果是：要纠正的问题没有解决，反而增加新的争执——不让看书。］

（一把夺走了儿子的书。）

儿子： 你凭什么收走我的书？

妈妈： 你不听话就要收走！

儿子（离开卧室）：你不讲理！

妈妈： 谁不讲理了！

（边说边拿来笤帚，收拾了地上的瓜子皮。）

妈妈这次采取"理解和指正"的方法。

妈妈（语气平和）：我看到地上有瓜子皮。咱们说过不能在卧室吃东西，
也不能乱扔垃圾。[描述所看到的事实，同时提醒孩子之前的
约定。]

儿子： 我觉得在床上吃东西很舒服，我先把瓜子皮都扔在地上，然后再
一起扫。

妈妈： 我理解你在床上吃东西很舒服很放松，但是我晚上睡觉的时候会
不舒服。你在床上吃瓜子，渣渣会留在床上，睡觉的时候我还得
扫床，有时候残留在床上的渣子，会扎得我很难受。[先理解孩
子舒服、放松的感受，然后用描述事实的方式，让孩子知道他的
舒服会带给别人不舒服。]

妈妈： 你先打扫干净，妈妈把瓜子放回餐厅，咱们可以在餐厅吃。[提
出明确的要求，告诉将要采取的行动。]

（边说边把瓜子拿走，放到餐厅。）[说话语气平和，但是采取
的行动坚决。这就是"温和而坚定"。]

（这次孩子没有再争执，而是从厨房拿来了笤帚，安安静静地把
瓜子皮扫干净了。后来，我们坐在餐桌旁，边嗑瓜子边聊天。）
[不用争执来解决问题，呈现出好的结果。]

反　思 __ 妈妈之前用说教、指责的方法要求孩子，他根本没有反应，
全当耳旁风，并且还引起更大的冲突，最后还是妈妈来收拾残局。这次，

妈妈先理解他的感受，然后描述事实，告诉孩子他的行为带给自己的不方便，同时采取了行动。因为妈妈没有生气而是平和地就事论事，所以孩子从情绪上比较好接受，也愿意遵守规则。

解　读＿妈妈用理解、指正、描述事实的方式来代替说教、指责，获得了好的效果。妈妈的做法体现出"温和而坚定"的态度。以前的做法是嘴上说教指责，行动上又替孩子做很多事情，没让他承担自己该承担的责任，现在做到了说话温和，行动坚定，孩子也能在妈妈的影响下主动承担责任。

下一步＿妈妈在孩子打扫完之后，记得给予及时的赞赏，描述自己所看到的以及当时的心情："我看到你把房间都打扫干净了，走进来很舒服！"

对照一下，你的对话方式是哪种？你有哪些经验或者教训可以分享?

第三：要积极正面，不要消极负面

我们在前面曾经讲过"语言是带着力量的"，对这一点我们深信不疑。如果我们去观察人们的对话会发现，有些人的语言当中充满了负面的信息，而有些人总是能从正面的角度来表达。但这并不意味着正面的表达是对现实的无视和麻痹，而是因为他们的内心总是朝着希望和积极的一面。

"半杯水思维"认为：同样的半杯水，有人关注少的那一半，有人看到拥有的那一半。这本身没有什么对错，他们都看到了事实，但是关注点却不一样。因为关注点不同，他们说话做事所抱的心态会完全不一样。

我们鼓励父母用积极、正面的语言来和孩子对话，即使表达一个负面的情绪，也可以用正面的语言来说。

我们来看看下面的例子。

对话：用正面的语言说出自己的期望

背　景＿每个做父母的都领教过孩子的一种"本事"：我们花一整天的时间打扫房间，好不容易把屋子收拾得看上去整洁干净，但是孩子们能瞬间把它变成被打劫的现场。常常出现的场景是：孩子在前面折腾，妈妈在后面不停地一边唠叨、一边收拾。下面对话中的这位妈妈就出现在这种场景中。

哥哥和妹妹在客厅玩游戏，地上、沙发上到处都扔着各种玩具，房间被弄得乱七八糟，兄妹俩玩完游戏，没有收拾就准备下楼玩去了。妈妈走进客厅看到以后，非常生气。

对话回放＿*01*

妈妈：你们这是在干什么呢？把屋子折腾得像什么样子！

孩子：我们刚才在玩游戏。

妈妈：玩游戏也不能把屋子弄成这样啊！我刚把屋子收拾干净！你们知
道我要花多长时间来收拾吗？

对话回放 _ 02

妈妈：我看到沙发上、地上都扔着玩具。一走进来，让我感觉很不舒服。
[描述所见事实，说出自己的感受。]

孩子：我们刚才在玩游戏。

妈妈：我希望你们游戏结束之后，把沙发上、地上的玩具都归位。[给
出具体的要求和明确的指令，用正面的语言说出自己的期望。]

解　读 __ 当我们处在负面情绪中的时候，很容易用指责开始对话：
"你怎么这样！""你难道不知道我有多辛苦吗？"这样的语言充满了
负能量。如果我们能以"我"的视角来表达，"我看到这样的事情发生，
很生气！""我不希望这样的事情再发生。"同样表达生气，但是我们
是用正面的语言说出来，就不至于让矛盾和冲突升级，同时又表达出我
们的心声。

对比下面这几组句子，我们来体会在同样情况下，正面和负面表达所
产生的不同效果。

负面——"你做得不好的地方是……"
正面——"你需要进一步改进的地方是……"

负面——"你的英语成绩很差。我们想想办法吧。"

正面——"你在英语学习上遇到一些挑战，我们需要想办法提高。"

负面——"你再这样故意违反规则，不会有小朋友愿意和你玩。"

正面——"如果你能遵守游戏规则，会有很多小朋友愿意和你玩。"

负面——"根据你现在的数学和英语成绩，能考上好中学还真够呛。"

正面——"如果你能在数学和英语上再有提高的话，是有希望考上好中学的。"

大家看出其中的差别来了吗？正面的表达帮助我们激发孩子往好的方向去努力，而负面的表达容易给孩子带来挫败和沮丧感，产生自暴自弃的念头。

一个人说话方式在很大程度上会受到父母的影响，小时候家人怎么和我们说话，长大后周围朋友、同事如何表达，都会潜移默化地影响我们。同时，说话方式又是可以通过后天努力来改善的。虽然我们不可能做到一蹴而就，但是，总是可以比过去进步一点点。

当我们意识到自己的说话方式在沟通交流中成为障碍的时候，那就是要去纠正的时候了。

我们可以从今天开始就尝试用"具体的描述"（描述我们所看到的细节和事实、描述我们的感受和期望）代替"笼统的评判"；用"理解指正"（理解他们的感受，指正他们的行为）代替"说教指责"；用"积极正面"的想法和语言（积极的想法、正面的语言）代替"消极负面"（消极的念头、负面的表达）的想法和语言。

下面的"表达力练习记录表"就是鼓励大家在日常对话中，记录下自己在"表达力"方面运用所学知识的过程、效果以及反思。建议大家在做练习的时候，可以先找到自己最需要提升的地方，比如：如果在说话的时候容易笼统地表达，那么在一段时间内就着重训练自己"从具体的细节开始描述"。

　　与"倾听值练习记录表"一样，我们的练习对象，可以是孩子，也可以是爱人、父母、同事、朋友、客户。他们都是我们身边很好的学习资源，也是帮助我们成长的学习伴侣。

表达力练习记录表

时　　间:　　　　　　　　　　地　　点:

练习对象:　　　　　　　　　　对话背景:

对话内容:

运用了提高表达力的哪种方法:

自我评估效果如何:

对方感受如何:

运用方法过程中，有哪些做得好的方面:

运用方法过程中，有哪些还可以提高的方面:

运用方法过程中，有哪些新的发现:

运用方法过程中，遇到了哪些挑战:

有哪些具体做法可以面对这个挑战:

在下次练习的时候，如何做得更好:

用爱心说智慧的话

提高"表达力"的"三要三不要"

第一：要客观描述，不要笼统评判

要："我看到你床上、桌子上都堆满了东西，没有归类，我希望你把它们整理好。"

不要："你做事怎么这么没有条理！"

要："这幅画的色彩很柔和，看上去很温暖。"

不要："你画得真棒！真是个小画家！"

第二：要理解指正，不要说教指责

要："我理解他这样说让你很委屈。我们想想除了用拳头，有什么好方式来解决？"

不要："你怎么能打人呢？君子动口不动手。他打你，你打他，冤冤相报永远不能解决问题。"

第三：要积极正面，不要消极负面

要："你需要提高的地方是……"

不要："你这个地方做得不好……"

爱是忍耐和接纳

化解孩子冲突的沟通课

————————

冲突的产生来自未满足的期望。

在冲突中忍耐，

就是接受事情的发展和我们期望的不一样，

接纳每个孩子本来的样子，而不是我们期望的样子。

忍耐和接纳，不是被动消极的"不得不"，

而是在主动积极中，寻找智慧和出路。

第三章

孩子与父母的冲突：
积极理解冲突，视冲突为机会

谈到"孩子与父母的冲突"，我们脑子里会闪现出哪些关键词？生气、吵架、找麻烦……

通常，我们容易用负面的心态看待"冲突"。但是，如果我们换个角度来看"冲突"，就会发现它对我们的亲子关系有着积极正面的作用。

冲突往往源于我们和孩子之间不同的想法和期望。因此，正是冲突才让我们看到彼此的需要，也激发我们做出改变。而这种面对冲突的态度，是基于我们对孩子的爱。爱是解决冲突的根基，在爱中才能真正找到解决办法。

我们经常谈到"和孩子共同成长"，其实，父母与孩子就是在冲突中通过不断磨合而成长的。和孩子一起解决冲突也帮助我们建立更深的亲子关系。

另外，冲突还帮助父母看到自己内在的真实境况。特别是有外在压力的时候，和孩子之间的冲突，反映出父母内心的焦虑。在这个时候，或许首要解决的并不是纠正孩子的行为，而是学会放下自己的焦虑。

最后，我们也要看到父母和孩子在冲突中对角色的定位。我们是和孩子站在同一战壕里的战友，而非对立的敌我双方。我们的目标是要解决问题，而不是对付孩子。同样，孩子需要的是父母的帮助，而不是故意要惹父母生气，做父母的"小冤家"，因为他们也实在犯不上这样去做。

换个角度来说，没有冲突，哪来的故事？没有故事，孩子长大后，哪有那么多温暖的回忆？

在开始我们的对话分享之前，请父母先花几分钟时间，回顾一下在家里和孩子之间发生冲突的情况。

1. 通常你和孩子在什么事情上容易产生冲突？

例如：

✓ 孩子写作业磨蹭的时候。

✓ 孩子把房间弄得乱七八糟的时候。

✓ 孩子晚上不睡、早上不起的时候。

其他：

2. 与孩子产生冲突时，你是怎么做的？

例如：

- ✓ 给孩子讲道理。
- ✓ 随孩子的意思去做吧。
- ✓ 和孩子协商解决冲突的办法。

其他：

3. 你和孩子产生冲突的时候，孩子的反应是什么？

例如：

- ✓ 按照父母说的去做。
- ✓ 和父母讨价还价。
- ✓ 不听父母说的，继续我行我素。

其他：

在这一章中，我们来看看分享的对话当中有哪些经验教训是大家可以学习和借鉴的。

透过冲突看到需要，做出改变

对话一：冲突提醒我们提供帮助，放弃指责和威胁

背　景 __ 儿子六岁开始学习弹钢琴，到现在已经有一年的时间了。开始的时候，儿子很喜欢弹琴，进步也很大。但是现在他开始不认真练琴，老师布置的作业能拖就拖。弹琴已经成为我们家庭战争的导火索。

昨天晚上，儿子很不情愿地练琴，过程中弹错了好几个地方。

对话回放 __

妈妈： 不想弹就别弹了！［对话从指责开始。］

爸爸： 花钱又花时间,不爱练就别练！［威胁。参见第二章"表达力测试"
　　　中对第六题"忌威胁"的解读］

妈妈： 别练了！很多错误弹多少遍都不改……［爸爸妈妈一起指责孩子，

可以想象他的心情是怎样的。]

妈妈： 我看你一点都不喜欢弹琴。

儿子： 我喜欢。

妈妈： 那你认真练啊？！

（儿子生气地把琴谱合上。）

儿子（坚决地）：我不练了！

妈妈： 为什么？

儿子（大声地）：我不快乐了！现在弹琴不快乐了！你花再多的钱，我也不练了！

妈妈： 你不喜欢弹琴了？

儿子（哭喊）：喜欢，但是弹琴的时候，你和爸爸总批评我，我不快乐了。不快乐的事情，我不干！再喜欢也不干！[孩子的表达很清楚：喜欢弹琴，但是父母的批评让他不快乐。他不做不快乐的事情。]

（我被孩子将了一军，有点反应不过来。寻思了半天，该怎么继续这个话题。）[积极寻找办法，而没有继续威胁，也是进步。]

妈妈： 如果我不批评你了呢？我和爸爸都不批评你了。

儿子： 那我也不练了。我不相信你们会不批评我。[父母在威胁孩子的时候，孩子对父母的信任也受到威胁。]

妈妈： ……

（我一时无语，实在不知道这场对话该怎么进行下去，心想：先各自冷静一下吧。这样僵持下去也不会有结果。）

妈妈： 咱们先回各自的房间冷静冷静，一会儿再说。[处理冲突的上策：

先离开现场，保持适当的距离，等双方的情绪都平复下来，再来面对和处理。情绪当中所说的话、所做的决定大多是不理智的。]

（儿子回到自己的房间，关上门。半个小时以后，我走进他的房间，坐在床边上，希望能与他和解。）

妈妈： 儿子，我知道练琴很枯燥，你现在学琴是不是遇到了困难？［理解孩子的感受，与孩子共情，了解他的难处。]

儿子（躺在床上背对着我。）：对！

妈妈： 你现在需要有人帮助你，对吗？［了解孩子当下的需要。]

儿子： 对！

妈妈： 我们帮你的方式不对，让你很难过。［向孩子承认自己的失误，并说出孩子的感受，让孩子看到父母的诚意。]

儿子： 嗯！

妈妈： 我知道我做得不对了，可是妈妈真的是想帮你！［表达自己的意图和坦诚的态度。]

儿子（转过身来面对我）：你们总批评我。

妈妈： 我以后不批评你了，我想帮你渡过这个难关。这个难关过去，熟悉了以后练习起来就会轻松些，对吗？［妈妈及时地反思和调整，帮助孩子了解到困难是暂时的，他需要的是帮助，而不是批评。妈妈也想帮助他，只是没有找对方法。]

（孩子的表情缓和了一些。）

儿子： 对。

妈妈： 我和爸爸以后会提醒你，不再批评和威胁你，可以吗？妈妈不希望你因为我们的方法不对，放弃自己喜欢的钢琴。[父母表达出有诚意的道歉。]

儿子： 你们做不到！

妈妈： 给我们机会，让我们试一试？

儿子： 那我就给你们一次机会！

妈妈： 好的。

（从此之后，我还真管住了自己的嘴。现在孩子练琴虽然还是要催促，但是又开始快乐了，还会像以前一样要求他弹我唱，指法上也比以前有了很大进步。）

反 思 __ 对于这么大的孩子，威胁不起作用。我们以为可以将孩子一军，迫使孩子就范，但实际上，当他反抗时，力量会更大。我不希望孩子在长大后，说是因为妈妈一直在批评他，自己才不学钢琴的。所以，我想办法让他重新在弹钢琴上找到快乐。因为这件事，我知道我和孩子都有了成长，我会更重视和孩子的沟通，理解他的感受，帮助他渡过难关。

解 读 __ 在这场冲突中，妈妈意识到：孩子遇到困难需要帮助和鼓励，而指责、批评和威胁只能适得其反。虽然儿子在冲突中反应比较激烈，但也正是这场冲突，让妈妈有了改变，从而亲子关系也得到了改善。

家里因为练钢琴而发生冲突是很常见的，在这个时候，父母需要经常提醒自己：我们让孩子学琴最初的目的是什么？或许当初的目的只是单纯地让孩子有个爱好，通过弹琴抒发自己的情感。但是，学到后来就变味了。

当他遇到困难需要托一下、拉一把的时候，什么样的方式才是最有效的？孩子说的没有错，他感受不到快乐，在遇到困难的时候，得到的不是帮助，而是批评和指责，孩子自然很难坚持。用威胁的方法，可以管用一时，却不可能长久。

难能可贵的是妈妈及时意识到自己的问题，坦诚地向孩子承认自己的失误，重新赢得孩子的信任。让孩子重新回到钢琴前，找回失去的快乐！

下一步 __ 孩子在学习一项技能时，总会遇到一些坎儿，需要父母帮助他一起走过。轻言放弃肯定不是上策。当孩子在不想练琴的时候，父母可以分析一下原因：是他在弹琴的时候遇到了困难，有畏难情绪？还是到了倦怠期，只是想偷懒？如果是前者，妈妈可以和钢琴老师多沟通，在学习难点的时候，稍微放慢些速度，对孩子的要求稍稍降低一些，给他熟悉和练习的时间。如果是后者，那就想些办法重新点燃他的激情，比如：开个家庭小型音乐会，邀请家人朋友来参加；带孩子去听音乐会，欣赏大师们的表演；带他去访谈一些音乐人，讲讲音乐的故事。总之，动用父母的智慧，想办法度过这段时期。

最重要的是相信孩子，相信他一定能渡过这些难关。这是提升孩子自信心的好机会。

对话二：冲突让我听到孩子的心声

背　景 __ 晚上女儿要上舞蹈课，我先带她去吃饭。边吃饭边聊起孩子洗漱磨蹭的事情。

对话回放 __

妈妈： 你晚上有舞蹈课，要抓紧时间吃饭。

女儿： 嗯，知道了，你别再说了，你越说我就越不想听。

妈妈： 好，以后妈妈只说一遍，那你能保证听一遍就立刻行动吗？比如：
爸爸妈妈叫你洗漱，只说一遍，你就去做，不让爸爸妈妈催，好吗？

女儿： 好，但你们要有礼貌地说话。

妈妈： 我说"宝宝，该洗漱了"，行吗？［把"礼貌"转化成具体要怎
么说话，将对话进行引申。和孩子澄清各自对"礼貌"的理解是
什么？这一点很重要。参见第二章"提高'表达力'的'三要三
不要'"中对"要客观描述，不要笼统评判"的解读。］

女儿： 不行。你要这么说，"宝宝，咱们过来洗漱，好吗？"

妈妈： 好的。你这么说的确更好些，妈妈记住了。［妈妈给予及时的赞赏，
并用诚恳的态度进行回应。］

女儿： 不能像爸爸那样："你能不能快点过来！"
（她学的口气惟妙惟肖，跟爸爸一个样，当时我心里咯噔一下。）

妈妈： 嗯，妈妈回去批评爸爸，让他以后说话要有礼貌。［对爸爸倒谈
不上用"批评"，可以改为：那我回去告诉爸爸。你希望听到的
是："宝宝，咱们过来洗漱，好吗？"］

女儿： 嗯，我去上舞蹈课，你在家给爸爸上说话课。［多可爱的孩子！］

妈妈（忍住笑）：好，一言为定！

晚上，孩子去跳舞的时候，我把孩子的话讲给爸爸听，爸爸也意识到了
自己的问题，晚上努力调整自己说话的态度和语气，这是一个好的开始。

[及时给爸爸反馈并沟通,保持信息的同步,而不是等到事情发生的时候,才去纠正。]

反　思 __ 孩子渐渐长大了,有了自己的想法,把大人的言行看在眼里,记在心里,甚至不知不觉地用在自己身上。现在孩子对"礼貌"的理解,确实让我吃惊,大人要求他们做到的同时,自己却做不到。身教甚于言传。(是的,孩子在拷贝父母的言行。)

最近在对孩子的问题上,总是犯这样或那样的错误,要么说教,要么没控制情绪对孩子发脾气,结果是满满的挫败感。道理都懂,关键时刻,总倾向于用简单粗暴的方式去处理。孩子在成长,做父母的也要成长,要不断反思和总结,用爱和孩子建立联结,给孩子做好榜样,不仅是为了孩子,也为将来成为更好的自己。

解　读 __ 对话中妈妈能用开放的心态接受孩子提出"说话有礼貌"的要求,并用例子说明各自对"礼貌"的具体理解。回到家里,及时和爸爸反馈与女儿沟通的信息,而且爸爸也诚恳接受女儿提出的意见,努力做出改变。父母这样的言行,本身就是给孩子树立了非常好的榜样。

妈妈说得对,用自己的行动带来孩子的改变。

下一步 __ 如果父母做出改变之后,女儿确实也在改变,洗漱变得不再磨蹭了,那么记得给孩子赞赏。"今天只提醒了一次,你就过来洗漱了。说到做到,真好!"

如果女儿对父母提出要求,而自己并没有改变,那么就需要再和孩子聊一聊,做不到的原因在哪里,并且表达出父母希望孩子也能信守承诺的期待。

对话三：冲突教会我们如何弥补失误

背　景 __ 孩子们在学校如果表现好，就会得到老师发的卡片，有"加油""有进步""你真棒"三种。孩子们每到月初，就可以拿攒的卡片找老师兑换成小印章，这些小印章是孩子们荣誉的象征。

儿子特别在意这些卡片，每天放学后都会告诉我，今天他得了什么小卡片。昨天我在家大扫除时，把儿子放卡片的小纸盒当作废品给扔了。儿子回家翻遍了卧室的每个角落也没有找到，急得直哭。

对话回放 __

妈妈： 对不起，儿子，我不知道里面装着你的小卡片，我以为没有用就扔了。

儿子（哭着）：你赔我的小卡片，你为什么把它扔了？为什么不问我？为什么随便扔我的东西？……

（儿子越说越激动，哭得更伤心了。）

妈妈： 我知道你特别在意这些卡片。[妈妈能及时承认自己的失误，并且能理解这些卡片对于孩子的重要性。]

（把哭泣的儿子拉过来，坐在身边安慰他。）

妈妈： 对不起。妈妈不该不检查就把你的东西扔出去。但你现在一味地哭，责怪妈妈，也不解决问题。咱们一起想想办法，看看怎么来补救。[除了道歉，还及时引导孩子去解决问题。]

（孩子听到"补救"，眼里露出了一线希望，停止了哭泣。）

儿子： 咱们可以自己按照老师的图案把小卡片打印出来。

妈妈：这倒是一个好办法。我们想想这个方法有什么好的地方和不好的地方呢？［没有直接否定孩子的建议，而是启发孩子对这个方法进行分析。］

儿子（想了想）：好的地方是很容易做，不好的地方是老师可能会以为我是作弊呢。

妈妈：儿子分析得真好！这确实有作弊的嫌疑。咱们再想想有没有其他更好的办法？［给孩子及时的赞赏，并用提问来启发孩子。］

妈妈：你还记得自己一共有多少张卡片吗？

儿子：知道！我前两天刚分类数过。

妈妈：那太好啦！我有个主意，你看这样行不行：我们把这个情况告诉老师，看老师有没有可能补发卡片？［"你看这样行不行"是个很好的提建议句型。参见第二章"表达力测试"中对第三题"忌急于提建议"的解读。］

儿子：可以！

（我当着孩子的面，给老师发信息，把事情的经过说了一下，老师很快回复，答应第二天把卡片补给儿子。）

儿子（高兴）：太好啦！

儿子（略有担忧地）：可是，如果老师明天忘记了，怎么办呢？

妈妈：也是，你明天怎么提醒老师呢？［启发孩子想办法，而不直接告诉答案。］

儿子（想了想）：我这么和老师说，"老师，记得补发卡片"。

妈妈：这么说挺好的！如果前面加上"老师，您有时间的时候"就会更好了。["如果……会更好"也是提建议的好句型。]

儿子： 嗯，记住了。我就说，"老师，您有时间的时候，记得补发卡片"。

妈妈： 很好！

（最后孩子总算安下心来，洗漱上床睡觉了。）

反　思 ＿ 因为自己的粗心，把孩子心爱的东西扔掉，引发孩子哭闹。我特别能理解孩子的心情，小卡片虽然在成人眼里不算什么，可是对孩子来说，意义重大。在意这些卡片，说明孩子要求上进。所以，我在整个过程中，一直用理解的心态耐心地安慰他。

解　读 ＿ 妈妈在面对因为自己的失误而引发的这场冲突中，整个处理过程（及时道歉、理解孩子看重荣誉感、引导孩子弥补的方法、用启发的方式提建议）给孩子做了很好的榜样：承认自己的失误，用积极正面的心态弥补失误。

下一步 ＿ 在和老师解释事情经过的时候，有可能的话，强调孩子对卡片的重视程度，并且借机表达对老师的感谢：感谢老师给孩子的鼓励和肯定，用心良苦地想办法激励孩子们。

透过冲突发现并走出焦虑

对话一：表达自己的焦虑，让孩子学习体恤和包容

背　景 ＿ 晚饭后，我带 5 岁半的儿子上钢琴课。快出门的时候他着急走，运动鞋后跟都没有提起来。我提醒他，他爱理不理的。

对话回放 __

妈妈： 儿子，我和你说话为什么不理？没礼貌！［"为什么"的质问加上"没礼貌"的指责，容易激怒孩子。参见第二章中"表达力测试"中对第七题"忌追问'为什么'"的解读。］

儿子（被激怒）：哼，你才没礼貌呢！

妈妈： 我提醒你，我说的对，你要答应一声啊！

儿子（用手指着我）：哼，你才不对呢！

（我感觉自己的尊严受到侵犯，拍了他的手指，也用手指着他。）

妈妈： 谁让你指着妈妈的，对妈妈这么没有礼貌！

（说完，我突然注意到自己也在指着他。马上意识到儿子是在跟我学呀。）［妈妈当下能意识到自己的行为，也是进步。］

儿子： 哼，就指你了！

妈妈： 你把鞋穿好才能出门。

（我关上门先出去了。儿子在里面气愤地用力踢门。我出奇愤怒，把门打开走进去。）

妈妈（大声质问）：谁让你踢门的，你还敢踢门？

（儿子恨恨地瞪着我，眼泪憋不住流了出来。）

儿子： 哼，我就踢！

妈妈： 穿好了吗？不穿好不让出门。

儿子（藏自己的脚，不让我看到鞋跟）：哼，我就不给你看！

妈妈： 穿好啦，走吧。

（儿子气鼓鼓地甩开我，下了楼，他生气地走着，离我有几米远，我喊他也不理。我跟在后面，情绪慢慢平静下来。心想：总不能老这么僵着啊，我得先打破僵局。）

妈妈： 儿子，妈妈这几天在工作中遇到好多问题，上班特别累。刚才对你说话没有耐心。妈妈抱抱，我们和好吧。[妈妈说出自己的焦虑，主动示好。]

儿子： 哼，不让你抱。

（他虽嘴上这么说，但速度没有那么快了。我紧走几步跟上，抱住他，咬耳朵说悄悄话。）

妈妈： 儿子，咱们都不生气了，小朋友生气容易得病，妈妈生气也不美丽了。[这里的"咱们"用得好，让孩子感受到妈妈并不是站在对立面指责他。]

（儿子很喜欢我咬着耳朵说悄悄话，很快笑了。）

儿子： 妈妈，我没听见，我还要听。[孩子多给面子啊！]

妈妈（咬着另外一只耳朵）：妈妈以后说话不用手指你了。你以后出门把鞋穿好，别人和你说话时你回应一声。[先说出自己的改正行动，然后说出对孩子的期望，他会更容易接受。参见第二章"提高'表达力'的'三要三不要'"中对"要理解指正，不要说教指责"的解读。]

儿子（嘻嘻笑着）：妈妈，我还要听！

妈妈（继续悄悄话）：我们要赶紧跑去上课了，迟到了可不好，咱们比赛吧！

（儿子笑着飞速地跑走了。）

反　思　孩子的鞋没有提起来，本来是件很小的事儿，平时我会耐心提醒他，不会这么生气的。最近我在工作上有点不顺心，忙了一周，身体比较疲惫。加上送孩子上课时间又确实紧张，很容易着急发脾气，所以在催促孩子的同时也传递了急躁的情绪。（身体疲惫加上时间压力，容易让一点小事儿就引爆家庭冲突。）

发脾气的时候，我没有考虑自己的措辞。用指责的语气和孩子说话，很快把孩子激怒了，孩子的反抗又激怒了我，我和孩子像两只小斗鸡一样，没完没了，战斗升级。下次，我可以用温和的方式，比如："儿子，把鞋子提好，妈妈等你，别着急。"

我发现咬耳朵说悄悄话真是好办法。从这次冲突过去以后的好几天，儿子经常主动过来说："妈妈，我还要听你说悄悄话。"每次睡觉前，我和儿子说完悄悄话，他都很满足。

解　读　这是一场"化干戈为玉帛"的对话。转机在于妈妈在路上能向儿子说出自己的焦虑，主动示好，用"咱们都不生气了"和实际行动，来表达自己的诚意。最后用悄悄话的方式，化解了尴尬。

妈妈在反思当中觉察到自己在身体疲劳和有时间压力的情况下，容易被小事儿激怒，让冲突升级。妈妈还想出了下一次遇到这种情况，该如何对孩子说。

下一步　冲突帮助我们觉察到自己面临的焦虑。这种情况下，妈妈可以提前告诉孩子："妈妈今天上班很累了，可能没有那么多耐心和你说话，所以希望你尽量多配合妈妈。"这样说，可以把自己的焦虑表达出来，同时也让孩子学会体恤、理解和包容妈妈。

另外，妈妈用"咬耳朵说悄悄话"化解了这次冲突，可以把它当作只属于自己家的独特沟通方式！这是一幅多温暖的画面，在悄悄话中别忘了不断告诉孩子："你是我最宝贝的儿子！你知道我有多爱你吗？"

对话二：就事论事，不必"透支"自己的焦虑

背　景 __ 学校寒假要求写作文《我的乐趣》，儿子没完成，拖到开学后的第一个周末才开始写。

中午我做饭的时候，儿子打开电脑说他"弄"作文（注意：是"弄"，不是写）。吃完饭后，我来欣赏他的作文。原来他把上学期写过的一篇《圆明园的秋》改了下题目，变成了《我的乐趣——圆明园的秋》，内容则是在开头加了一句：说到乐趣，我第一个想到的就是在"可爱"的圆明园中散步了。他真的是"弄"了一下，就完成了！

对话回放 __

妈妈： 这是一篇你写过的作文，老师批改过，印象应该还挺深的呢！［描述事实，没有直接指责。参见第二章"提高'表达力'的'三要三不要'"中对"要客观描述，不要笼统评判"的解读。］作业是要求写一篇新的作文。

儿子： 没事儿，就这样吧。

妈妈： 不能就这样。现在和我说说，你都有什么乐趣？咱们看能不能挖掘出一个新的素材来。［积极帮孩子想办法。］

儿子： 我的乐趣就是在圆明园里散步啊！

妈妈：你就没有别的乐趣吗？这些天你那么痴迷《笑傲江湖》，你那么爱玩手机游戏，你刚才吃饭的时候吃得那么高兴，这些阅读、游戏、美食，都是乐趣啊！

儿子：《笑傲江湖》的结尾我不喜欢，不能算乐趣；游戏，您不是说老玩游戏不好吗？……反正我现在唯一的乐趣就是在圆明园散步！

（以上内容是缩略版，实际对话是连续好几个回合。我每说一点，他就反驳。最后，我已经没有了耐心，他成功地点燃了我心里的小火苗，并开始让它慢慢地升腾起怒火。）

妈妈：我现在心情很不好，咱俩现在都冷静一下吧，先分开，五分钟以后再继续讨论，你去想一想你都有什么乐趣。[及时觉察自己的情绪，给各自一段冷静的时间。]

（五分钟后，我叫儿子再次进到我的房间。我还自以为"五分钟冷却时间"很高明呢！没想到，我们的对话还是重复前面的内容，他仍然说他现在唯一的乐趣就是在圆明园散步。我已经忍无可忍，怒不可遏。）

妈妈：这肯定不行。第一，老师看过你这篇作文，还夸奖过你，你这样是蒙混不了的；第二，就算老师不追究，吃亏的是你自己，因为你自己又少了一次练习作文的机会，每次写作文你都千方百计想躲过去，恰恰说明作文是你的弱项，再不完成作业，你写作文的能力就会越来越差；第三，你平时有那么多乐趣，可以写的素材很多啊。

儿子：哎呀，哪有那么严重！这篇作文就这样吧，我明天反正可以交差。

妈妈：你怎么交差？老师一看就知道你是拿以前的作文来蒙混过关的！

儿子：这不关您的事儿！

反 思 ＿ 和儿子谈到最后，我已经控制不住自己的情绪。孩子是我最在乎的人，我不希望我这么在乎的孩子以后很低能，我不希望我这么在乎的孩子今后在需要写文章的时候，别人很轻松就写完了，而他迟迟写不出来。就在中午第三次给孩子盛饭的时候，我也在想：我不希望我这么在乎的孩子今后长成一个大胖子，我不希望他今后因为自己太胖又不健康而受人嘲笑。

解 读 ＿ 针对这场一篇作文引发的冲突，我们先安抚一下妈妈的情绪，遇到孩子这种回应，确实不生气也难。

从对话上来看，妈妈在很努力地帮助孩子，从一开始就描述事实而没有指责，接着积极想办法帮儿子挖掘作文素材；在觉察到情绪快要失控的时候，及时离开冲突现场，各自冷静。同时，我们从妈妈的"反思"当中，可以看到，对话虽然是从"作文"引发的，但最后显露出来的是妈妈内心对未来不确定性的焦虑。从写作文、吃饭这两件事情联想和演绎到孩子的未来：低能、不如人、大胖子、不健康、被人嘲笑。妈妈冷静的时候可以想一想：一篇作文不写会不会真的就低能了？一顿饭多吃会不会真的长胖被人嘲笑？我们是否有必要"透支"这些焦虑？

下一步 ＿ 妈妈需要先放松下来。我们并不是要纵容孩子不完成作业，或者糊弄事儿，而是就事论事，不必把写作文和低能、吃饭和被人嘲笑联系起来。当我们放松心情的时候，与孩子的对话才更有效。

与其"透支"焦虑，不如当下找到帮助孩子的办法。当情绪平复之后，可以了解孩子不愿意写作文的原因是什么？是他不喜欢写作文？还是不知道该怎么写？如果是不喜欢，那么再进一步了解是所有类型的作文都不喜欢，还是不喜欢写某一类作文？……总之，将孩子的问题进行聚焦和细化，才能有针对性地帮助到他。

另外，对话中提到上一篇作文曾经得到老师的夸奖，说明孩子有能力写好作文。妈妈和孩子一起欣赏他以前写过的好作文。相信妈妈的信任和鼓励，会让他对写作文更有兴趣。

对话三：把目光从"激烈竞争"转移到"孩子已经付出的努力"上

背　景 __ 儿子的语文考试每次都不理想，所以假期我给他报了作文班。今天，儿子突然死活都不肯去上课了。距离上课还有半小时，我们娘儿俩陷入了僵持的局面。

对话回放 __

儿子：今天不管你说什么，我也不想去上课了！

妈妈：你说说，为什么今天就不肯去了呢？［可以用"是什么原因不想去了呢？"来代替"为什么"。参见第二章"表达力测试"第七题"忌追问'为什么'"的解读。］

儿子：因为已经放假了，就应该休息了。

妈妈：咱们不是说好了，这个寒假要抓紧时间提高作文成绩吗？

儿子：不是已经报了奥数和英语了吗？我也在学着呢！

妈妈： 嗯，是的，其实我知道这些日子是排得挺满的，你也比较辛苦。[理解孩子的辛苦]。可语文是基础课中最重要的一环啊，这个课不上怎么行呢？而且今天是寒假的最后一次课了，再坚持一下吧。

儿子： 我今天就是不想去！开学以后再上，也是一样的。

妈妈： 咱们不能无缘无故没有理由就不去上课啊，怎么能想不去就不去呢，怎么跟作文老师说呢？

儿子： 我不说！我今天就是不想去！

妈妈： 难道你就甘心每次作文都考那么差吗？[可以用"如果我们多练习，作文成绩会提高的"回复。参见第二章"提高'表达力'的'三要三不要'"中对"要积极正面，不要消极负面"的解读。]

儿子： 对，我就愿意考那么差了！

妈妈： 孩子，咱们设立了目标，还是不要轻易改变。上次语文考试和你一起做分析，咱们决定报个作文补习班，把作文成绩提高上去。咱们得为这个目标全力以赴地努力才行啊，如果咱们已经竭尽全力了还是没有提高，也没关系，到时候咱们再想其他办法。现在赶紧出发，晚不了多少，妈妈送你一起过去，好吗？走吧！

儿子（有点犹豫，想了想）**：** 那中午要在外面吃饭！[这个条件其实是孩子想要给自己一个台阶下。]

妈妈： 下午还要上英语课，中午出去吃饭也来不及啊。[妈妈这时候如果能顺便给个台阶，这次冲突也就能化解了。]

儿子： 中间吃饭来得及！

妈妈： 咱们不是说过尽量不在外面吃饭吗？外面餐厅的饭既不卫生又不健康。再说，你是以这个为条件来要挟我吗？不可以！［妈妈误解了孩子的意思。他在要"台阶"，不是要挟。］

儿子： 不吃就不吃！我今天就是不去！

（儿子说完，生气地回到自己房间关上房门。我就这样败下阵来。我们俩没再说话。这个上午就这么过去了。一个无奈的、失败的、沮丧的、毫无成果的上午就这么过去了。）

反　思 ＿ 现在孩子们的学习竞争非常激烈，班里的同学都报了各种补习班，眼看孩子的成绩落下，可他一点也不着急，还动不动提条件来要挟我。

我知道，在孩子成长过程中，父母总是会经历很多无奈的时刻，虽然我们就是伴随着各种烦恼和孩子一起长大成熟的，但是今早和孩子的这场冲突中，我真是感到黔驴技穷了。

解　读 ＿ 从这场对话中，我们对妈妈的焦虑和孩子的辛苦都能理解。妈妈在经过一番苦口婆心的劝说之后，孩子已经有些犹豫，妈妈如果意识到孩子从"极度不愿意"到后来"有些犹豫"，再到后来"有条件地愿意"，能抓住扭转局势的机会，做出让步，"在外面吃饭"，就算是简单地吃点儿，冲突也就化解了。大的事情既然已经解决了，就没有必要在这个细节上再纠缠。很多情况下，冲突的解决，是在彼此的妥协和让步中完成的。

下一步 ＿ 焦虑影响我们对事情的理解，就像对话中，妈妈把孩子"要台阶"理解成"要挟"。放下焦虑，意味着把目光从"激烈的竞争"转移到"看到孩子的努力"；从"最后一节课不想上"转移到"他之前已经坚持上了那么多课"；从"他一点也不着急"转移到"他定下目标，就说明他不甘落后"。希望妈妈能定睛在后者，走出焦虑的漩涡。

对付问题，不对付孩子

对话一：孩子说脏话——教给孩子说温暖、甜美的话

背　景 __ 女儿最近说脏话了，我有段时间感到束手无策。我和她讲道理，她也懂，但还是继续说脏话。

对话回放 __

女儿（坏笑）：妈妈，过来我和你说句悄悄话，"妈的"！

妈妈（尽量镇定）：宝贝，你过来，妈妈也和你说一句悄悄话。

妈妈： Baby, I love you！（宝贝，我爱你！）

女儿： 妈妈，我还要说一句悄悄话。

女儿（凑过来）：妈妈，I love you, too！（我也爱你！）

反　思 __ 关于女儿说脏话，我选择忽略，不强调她的脏话。也许她本意不是要说脏话，只是觉得好玩。因为她发现，自己一说脏话，大人就会做出反应。而"不强调，不反应"，应该是较好的选择。

解　读 __ 对话中妈妈没有说教，而是给孩子示范说温暖、甜美的话，孩子也跟着学说温暖的话、甜美的话。这样有效地阻止了孩子继续说脏话。告诉孩子不能做什么的同时，示范给孩子应该做什么。

下一步 __ 孩子学说脏话，说明他进入了模仿外界语言的阶段，所以，我们就要特别注意自己的说话方式了。即使有时候说的一些话并不是脏话，但我们的负面表达也会对孩子产生影响。所以，我们要学习说鼓励、肯定、温暖彼此且会对孩子产生积极正面影响的话语。

对话二：见面不打招呼——用角色扮演陪孩子练习打招呼

背　景 __ 早上送儿子去幼儿园，老师和他打招呼，他基本上都不回应。最近正好在给他讲《有趣的幼儿园》绘本，我想在家里带他练习见到老师打招呼。

对话回放 __

妈妈（讲绘本情节）：平平到了幼儿园门口，汪老师说："平平，欢迎你！"平平说："老师好！"
（儿子听得很认真。）

妈妈：儿子，你来也和汪老师打个招呼吧！[用绘本的情节，把孩子自然引入到场景当中。]

儿子：老师好！

妈妈：嗯！声音很大！你的老师姓什么啊？[给孩子及时、具体的赞赏！参见第二章"提高'表达力'的'三要三不要'"中对"要客观描述，不要笼统评判"的解读。]

儿子： 刘老师，杨老师。

妈妈： 还有小马老师呀！她很喜欢你呢，你和她们怎么打招呼呀？［建立孩子与老师的联结，并且提问孩子，而不是直接告诉他该怎么做。］

儿子： 老师好！

妈妈： 嗯，很好！如果加上老师的姓，她们会更加开心！［没有直接告诉孩子"你应该……"，而是告诉孩子这么做之后的效果是什么。参见第二章"表达力测试"的第三题"忌急于提建议"的解读。］

儿子（声音有点小）：刘老师好！

妈妈： 声音再大一点就更好了！［用正面的表达，而没有用"声音太小"。参见第二章"提高'表达力'的'三要三不要'"中对"要积极正面，不要消极负面"的解读。］

儿子（声音大一点）：刘老师好！［反复地巩固练习］

妈妈： 很好！下周我们去幼儿园一起和老师打招呼吧。

儿子： 好的！

反　思 __ 比起单纯说教，用引导的方式孩子更容易接受。经过几次重复的练习，配合对孩子的鼓励，儿子有了明显的进步。第二天我们去幼儿园的时候，孩子能大声地和老师打招呼，虽然一开始还有点不太自然，但我相信他会越来越大方的。

解　读 __ 不少父母为"孩子不爱和人打招呼"而苦恼，有时候甚至会强制孩子和人打招呼，结果往往事与愿违。而对话中妈妈用非常自然的方式，让孩子轻松地进入到角色中来，并且在过程中耐心引导，反复练习。妈妈在这场对话中做出了"积极引导"的好范例！

下一步 __ 接下来，父母可以有意识地给孩子示范见面如何打招呼。比如：见面主动和邻居大声地打招呼，到幼儿园主动和其他父母打招呼……相信父母的身体力行，会带给孩子积极的影响。

对话三：不爱洗脸——用故事代替说教帮助孩子爱上洗脸

背　景 __儿子因为怕把水弄到眼睛里，一直不爱洗脸，养成了每天早上出门用毛巾随意擦一擦就走的习惯。我曾经想给他纠正过来，但是他很抵触。

昨天晚上讲睡前故事时，他点的主题是毛巾。于是，我灵机一动，给他编了这样一个故事。

对话回放 __

有一天，毛巾生病了，跑去看医生，他非常痛苦地对医生说："医生，我最近肚子疼，皮肤也变差变黑了，请问是怎么回事啊？"

医生检查了毛巾的肚子和皮肤后，说："毛巾，你的小主人是不是每天不用水洗脸，直接就拿你擦啊？"

毛巾： 是啊是啊！我的小主人不洗脸。"

医生： 不用水洗，就拿你擦，病毒细菌都擦到你的身上了，你当然要生病了。

毛巾： 那我该怎么办呢？

医生： 回去告诉小主人的妈妈，你生病了，让她把你好好洗干净，然后让你的小主人每天用水洗完脸，再用你擦干，你的病就好啦！

毛巾回到家后，一五一十地把医生的话转告给小主人的妈妈。小主人的妈妈听说后非常抱歉，赶紧把毛巾洗干净了。小主人知道了这件事后，也很不好意思。于是，每天早上都用清水洗脸后再拿毛巾擦。毛巾从此再也没有生过病，和小主人成了好朋友。

第二天起床后，我叫儿子去洗脸，他很痛快地洗了，之后他也特别配合，再也没有不洗脸直接就用毛巾擦脸了。

反　思 __ 儿子这段时间一直生病，他生病难受，所以很能理解了不洗脸给毛巾带来的痛苦。把物拟人化，以故事的形式讲给他听，孩子更容易接受。（理解孩子的感受。参见第二章"提高'表达力'的'三要三不要'"中对"要理解指正，不要说教指责"的解读。）

解　读 __ 这是很有创意的一个故事。妈妈没有说教，而是用孩子能理解的语言，深入浅出地通过故事让孩子体会毛巾生病的感受，妈妈很用心！这场对话可以启发到很多父母。每个孩子都爱听故事，并且很容易进入到故事的人物当中去。

下一步 ⸺ 孩子能从妈妈的故事当中很快地领悟到其中的"内涵"，并且马上做出改变，值得鼓励和肯定。妈妈别忘记给予及时、具体的赞赏。"妈妈看到你今天主动洗完脸，才用毛巾擦干净。真好！""毛巾这么干净，不会再生病了。"

另外，孩子喜欢听故事，以后没准"故事"会成为亲子对话的特别形式呢！

温馨提示

当孩子与父母发生冲突时……

✓ 如果父母和孩子情绪都比较激动，离开冲突现场各自冷静是上策。

✓ 理解孩子当下的难处，用"提供帮助"代替"批评指责"。

✓ 主动寻找解决冲突的机会。比如，咬耳朵说悄悄话、适时给孩子台阶下。

✓ 听孩子的心声，自身做出改变。

✓ 父母为自己的失误道歉，并积极想办法补救。

✓ 父母对自己身体和情绪的状态有及时的觉察和预警，把焦虑表达出来。

✓ 就事论事，不"透支"焦虑，不让焦虑蔓延。

✓ 转移焦虑的目光，看到事情积极的一面。把目光从"激烈竞争"转移到"孩子已经付出的努力上"。

✓ 用故事、游戏代替说教，和孩子一起投入到故事和游戏的角色当中。

✓ 把"问题"和"孩子"分开，和孩子一起对付问题，而不是对付孩子。

实操训练记录

记录最近一次在处理与孩子的冲突时，你是如何做的？

时　　间：　　　　　　　　　　　地　　点：

背　　景：　　　　　　　　　　遇到的冲突：

你是如何回应的：

自我评估效果如何：

孩子的感受如何：

处理过程中，有哪些新的发现：

处理过程中，遇到了哪些挑战：

有哪些具体做法来面对这个挑战：

下次同样情况发生的时候，如何做得更好：

第四章＿＿＿＿＿＿＿＿＿＿＿＿＿

孩子与同伴的冲突：
学会与人交往，建立友爱关系

友谊对孩子的重要性毋庸置疑。俗话讲"不打不成交"，孩子们之间的友谊更是如此。在孩子的小世界里，学习解决冲突是他们的必修课。

冲突并不可怕，我们需要积极看待。孩子与同伴之间正是因为冲突，才有机会学习如何与他人相处：在什么时候要坚持自己的立场，在什么情况下要学会妥协，自己伤害了同伴该怎么办，被侵犯了又该如何处理……这些都是需要通过冲突来学习的。

我们先来回顾一下孩子和同伴相处中，发生冲突的情况。

1. 观察并写下通常什么情况下孩子容易和同伴产生冲突。

例如：

✔ 孩子们在争抢玩具的时候。

✔ 孩子们在意见不合、有分歧的时候。

✓ 孩子们在有竞争的场合，比如为了争第一的时候。

其他：

2. 观察并写下孩子在和同伴产生冲突时的表现是什么。

例如：

✓ 生闷气，不理对方。

✓ 找老师或者父母哭诉。

✓ 开口骂对方，或者动手打对方。

其他：

3. 孩子与同伴产生冲突的时候，你通常是怎么处理的？

例如：

✓ 讲道理，并给孩子提建议。

✓ 找老师或者对方的父母，去理论。

✓ 不去理会，让孩子自己去解决。

✓ 倾听孩子叙述，启发孩子想办法。

其他：

　　父母该如何引导孩子与同伴相处？对孩子之间的冲突，父母要介入到什么程度？遇到孩子不喜欢的小朋友，该如何互动？这些都是我们在这一章要学习的重点。

让孩子学会自己处理冲突

对话一：父母冷静面对，孩子更容易和好

　　背　景 __ 女儿在学校和同学打架了！老师打电话让我带俩孩子去医院。接到电话，我就开始思考：见了面该怎么和两个孩子说。（遇到突发情况，能理智地积极想办法面对，而没有被着急、生气等情绪控制。）

到了学校，我看到俩孩子一副担心害怕、做好了认错的样子。女儿脸上有几道轻微的红印子，另一女孩的胳膊被挠破了。

我没有马上批评女儿，只是简单和老师了解情况后，就直接送她俩去医院了。路上我没着急问孩子原因，只是很关心她俩的伤口。（观察到孩子已经是认错的样子，先处理眼前的情况，而不是先问责："怎么回事？谁先动的手？"因为这时候问责不但于事无补，还会让情况更恶化。）

对话回放 __

妈妈：孩子们，伤口还疼吗？

同学：阿姨，不太疼了。

女儿：我的已经不疼了。

妈妈：那就好！我们马上就到医院了。

（我从后视镜里看到两个孩子像没事儿人一样。到了医院，医生抹了点药水，说情况并不严重，我就带她们返回学校。路上，我问起她们事情的起因。）[当孩子情绪都平复之后，了解事情的经过。]

妈妈：现在可以和我说说你俩是什么原因打起来的吗？[用"什么原因"代替"为什么"，学以致用。参见第二章中对"表达力测试"第七题"忌追问'为什么'"的解读。]

女儿：我们学校组织看表演，因为抢座位，我们也不知道怎么就动起手来了。

同学：阿姨，我们现在和好了。

妈妈: 好吧。以后千万忍住自己的脾气，不要再动手了。

（看到两个孩子确实已经和好，我就不再说下去了。）[这件事已经从孩子们心里过去了，妈妈也就不必再刨根问底了。这是很明智的做法。]

反　思 __ 当听到孩子在学校打架，第一反应是不知道如何是好。我想到了在"极简亲子对话"中学习到的说话方法，没有像以往那样责骂孩子，而是就事论事，先关注她们的伤势，再了解事情的经过。我这次的处理方法也出乎孩子的预料，估计两个孩子看到我平静的处理过程，也就更容易与彼此和好了。

解　读 __ 妈妈在处理这场风波时，第一时间没有被情绪所控制，先关心孩子的受伤情况，冷静地带孩子去看医生。在回来的路上询问事情的经过时，看到两个孩子已经和好，就没有再追究。妈妈的整个处理过程不仅有助于平复孩子的心情，而且有利于促进孩子更快地和好。

下一步 __ 有机会的时候，可以引导孩子对这件事情进行反思：如果下次你们遇到抢座位的情况，准备怎么办？生气的时候，除了动手，还有什么办法解决？把问题抛给孩子，让这场架不要白打，伤也别白受。帮助孩子总结经验教训，从这场冲突中学习今后该如何更好地相处。

对话二：孩子只是需要倾诉，并不期望父母介入

背　景 __ 我接女儿从学校回家，在路上女儿和我聊起在学校发生的事情。

对话回放 ——

女儿： 妈妈，我跟你说个事，你千万别生气。

妈妈： 怎么了？说吧，我不生气。

女儿： 今天早上我做值日搬桌椅的时候，小朋友 A 打了我。

妈妈： 啊！？咋回事啊？［不知道妈妈说这句话的时候是什么表情，需要提醒的是：因为刚刚答应过孩子不生气，所以心里要对自己的情绪和反应有所觉察。］

女儿： A 和 B 打闹，B 躲在我后面，A 过来打 B 的时候，打到了我的胸口。

妈妈： 哦，原来是这样。［简短回应。参见第一章"提高'倾听值'的'三要三不要'"中对"要简单回应，不要打岔干扰"的解读。］疼不疼啊？

女儿： 疼啊！

妈妈： 后来呢？［用开放性的问题帮助孩子继续把事情说下去。］

女儿： 他们都向我道歉了。我走了，没有理他们。

妈妈： 你需不需要我去找 A 的家长？或者老师？［询问孩子的需求。参见第一章"提高'倾听值'的'三要三不要'"中对"要总结询问，不要否定武断"的解读。另外，如果把封闭性的问题改为开放性的问题会更好，"你有什么需要妈妈帮你的吗？"］

女儿： 不需要，这件事儿就过去了。

（之后，女儿没有再提这件事儿。）

反　思__ 从孩子叙述的过程中，我感觉她只是需要找个倾诉的对象，并不希望我提什么建议，她自己可以处理。我发现当自己能仔细倾听她诉说，不去给她建议或者责怪她的时候，她就已经很受安慰，这件事情也就能很快过去了。

解　读__ 首先，妈妈在整个对话过程中，基本上用开放性的提问方式在引导孩子把事情的经过说出来。

其次，妈妈看到孩子并不想在这件事上纠缠，也就不再追究下去。很多情况下，当孩子被同学不小心打一下碰一下，孩子并不觉得有什么大不了的，但如果父母反应过激不依不饶，就会让事情变得复杂。

下一步__ 从整个对话中，能看出孩子只是想找个倾诉对象，那么最后可以帮助她做个总结和梳理："哦，我听明白了，A 和 B 在打闹的时候，因为 B 躲在了你身后，所以 A 本来想打 B，却打着了你，并且还打疼了，最后，A 和 B 都向你道歉了。是这么回事儿吧？"这样一方面确认我们听懂了孩子的叙述，另一方面也帮助孩子在对事情做梳理的同时，情绪也得到充分的释放。（参见第一章中"倾听值测试"第七题和第八题关于"总结确认"的解读）

另外，当孩子说："你千万别生气"，而我们答应孩子"不生气"之后，就要提醒自己注意回应的语气，要真正做到"不生气"。因为一旦孩子听出我们生气了，就会停止和我们说话。

对话三：倾听能帮助孩子自己想出解决冲突的办法来

背　景__ 晚上睡觉前，儿子和我讲起了他在幼儿园和小朋友之间发生的事情。

对话回放 __

儿子：妈妈，今天我在幼儿园和小朋友玩乐高玩具。老师给每个小朋友都分了一样多的乐高积木，可是后来有两个小朋友跑过来抢了我的玩具。我就去告诉老师，老师只对着抢玩具的小朋友说了一声，也没有把玩具还给我。

（儿子在说这段话的时候，我一直安静地听，没有打断他。）[不打断孩子说话，孩子在放松的状态下，能更好地还原当时的情况，而我们的打断，会打乱他的思路。他描述的过程，本身就是在梳理自己的思路和情绪。参见第一章"提高'倾听值'的'三要三不要'"中对"要简单回应，不要打岔干扰"的解读。]

妈妈：小朋友抢了你的玩具，你很伤心，是吗？[理解并说出孩子的感受。]

（儿子激动地点点头。我把他抱在了怀里，拍了拍他的背，什么都没说，就这样抱着他。）[用身体语言给孩子安慰，而没有讲大道理。]

儿子（沉默了一会儿）：小朋友抢我的玩具，我又不能打他，这样做不对。

儿子（想了想又说）：我要跟小朋友说"你抢了我的玩具我很伤心，别人抢了你的玩具你也会很伤心，我们可以交换玩具"[孩子有清晰的思路，才能自己想出办法来。]

妈妈：嗯，这个办法好！明天去了幼儿园，你可以试试。[给孩子及时的肯定，没有急于给孩子提出自己的建议："你应该……"也没有责备孩子："你怎么不……"]

（儿子说完，高高兴兴地睡觉了。）

反　思 __ 在这场睡前对话中，从头到尾我都是一个倾听者。真没想到孩子自己能想出办法来。自从听了"极简亲子对话"的课程，我可以更耐心地倾听孩子说，不打断他。以前孩子回来很少和我们交流，现在到家越来越爱说了。

解　读 __ 在这场对话中，我们看到妈妈有很多学以致用的地方：安静地倾听、简单地回应、理解并说出孩子的感受、用肢体语言安慰孩子、及时肯定孩子想出的办法、不轻易给建议。孩子不仅得到安慰，还自己想出了解决冲突的办法。我们看到了倾听的力量和效果。

下一步 __ 孩子在叙述过程中，自己想出了办法，这是一个锻炼孩子自己解决问题的好机会。后期可以询问孩子：他想出的办法使用以后，结果怎么样？还有什么其他的办法？"是否抢到玩具"并不重要，重要的是孩子学会了解决冲突的方法。

避免反应过激，强行干预

对话一：用"做示范"代替"强制执行"

背　景 __ 晚饭后，我带女儿在小区花园里玩，一直很开心。女儿挥舞着手臂在给我变魔法。这时候，一个小男孩从女儿背后跑过来。不巧的是，女儿手臂向后一挥，正好打到了男孩的额头，小男孩委屈地跑到爷爷旁边哭起来。女儿愣在那里，有点不知所措。我亲眼看见了事情的经过，我理解孩子没反应过来是因为事情发生得太突然，而且确实只是轻轻碰了一下，小男孩伤心地哭，可能有点出乎女儿的意料。

对话回放 __

妈妈：宝宝，你看小朋友哭了，你去给他道歉吧，安慰他一下。[如果
在说这句话之前，先理解孩子的感受，解除她的顾虑，比如："你
吓一跳吧？妈妈知道你不是故意的。"效果会更好些。]

（女儿从愣怔中反应过来，但立刻很生气，撅着嘴皱着眉，然后
气急败坏地跑开了。）[孩子跑开可能是觉得父母会批评她。]

妈妈（追过去，向她解释）**：**小朋友哭了，我想让你去安慰一下，并没
有责怪你的意思。

女儿（抽泣）**：**上次 XX 抢我的玩具，我要回来玩具，他哭了，你们就
都说我。每次别人一哭，你们就说我！

（听到女儿这么说，我确实无言以对。以前这样的事情一发生，
最后都是以哭闹责怪而告终，这次我不知道该说什么，就先闭嘴
吧。）[先闭嘴，也不失为一种办法，总比责怪、说教要强很多。]

反　思 __ 孩子在一起玩，难免发生争执或者不小心撞到。作为家长，
都忍不住去出面干预，觉得如果啥都不说，会让人家认为我们做父母的不
管孩子。可是对女儿，稍微一说，她就会发脾气。下次再碰到类似的事情，
真不知道是该去干涉，还是让孩子自己解决。

解　读 __ 孩子发脾气，可能之前父母在处理类似的事情时，有让她
感受到"被责备"的经历，所以同样的事情再次发生时，无论父母说什么，
她都会觉得是在责备她。另外，对于孩子们之间的冲突，如果孩子具备自
行解决的能力，当然鼓励孩子自己去体验和经历，如果孩子暂时还不能或
者不敢去做，那么就需要父母的引导和示范。

下一步 __ 今后如果遇到类似的情况，父母可以先向孩子解释，"妈妈知道你刚才不是故意的，是不小心才碰到小朋友的。妈妈带你一起过去，向小朋友道歉。"如果孩子还是不肯一起去，父母就自己过去向"被撞倒"或者"被碰到"的孩子和父母道歉："抱歉，她刚才不是故意的，不小心打到了你，不要紧吧？"这样做，父母一方面在向孩子示范：即使自己不是故意的，也还是需要道歉。道歉并不意味着自己就要受责怪。另一方面，让受伤的孩子和父母也得到一些安慰。

对话二：父母强行"维和"，容易让事情由小变大

背　景 __单位组织户外活动去水长城。我带着儿子去，想趁这个机会多陪陪儿子。第二天一大早，我们想找一片空地扔飞盘，但是发现空地边上有水池，我告诉儿子在这里玩儿容易把飞盘扔到水池里。这飞盘是爸爸刚刚买的，儿子非常喜欢，也很爱惜。他也担心扔到水里，就听了我的建议，放弃了扔飞盘。

过了一会儿，同事的两个孩子过来，拿起我们带的飞盘，在水池边玩起来。

对话回放 __

儿子：你们别玩了，容易把飞盘扔到水里。

（同事的两个孩子不理睬他，继续玩，有几次险些掉进水里。）

儿子（大声说）：别扔了！这是我的飞盘，还给我！

同事的孩子：真小气！我们就玩一会儿还不行啊！

（儿子生气地上前准备抢回飞盘。）

妈妈（拦住孩子）：没事儿，让他们玩一会儿吧。[妈妈留意到了吗？前后规则不一致。]

儿子：不行！会掉到水里的。[孩子在第二次强调自己的担心。]

妈妈：没事儿，掉就掉了吧！

（写到这里，我顿时明白了为什么儿子会生气，我前后规则是多不一致啊。）[妈妈能后知后觉，也是进步！]

（儿子很郁闷，一个人赌气走到很远的台阶上，远远地看着我们，一边看一边抹眼泪。期间有几个小朋友过去劝他也没有用。我也一直没有理他。本来计划好的一次母子单独相处的机会，就这样不欢而散。）

反　思 __ 当时我一直觉得儿子生气是因为别人拿了飞盘没有征得他的同意。（有时候，对孩子的误解是因为我们容易按照自己的理解来判断孩子。参见第一章中对"倾听值测试"第四题 "急于做判断、下结论"的解读。）后来我问他："你生气是因为别人拿了你的飞盘，没有征得你的同意吗？"（妈妈虽然误解了孩子，但是能主动询问孩子生气的原因，对孩子也是安慰。）他说这不是主要原因，生气是因为担心飞盘会掉到水里。（其实，如果妈妈再仔细看自己前面的叙述，孩子两次强调的都是担心"飞盘会掉到水里"。）

回想这件事的时候，我注意到：前面我向儿子反复强调这个地方不适合玩飞盘，后面同事的孩子玩的时候，我非但没有去阻止，反而明确允许他们玩儿。可是以后遇到这种情况该怎么办呢？说实话，我真不愿意孩子们因为扔个飞盘发生争执。大家平时都是同事，出来玩儿就尽量高高兴兴的，实在没有必要为这点小事儿闹得不愉快。（妈妈"维和"的心理可以理解。同时，孩子们发生冲突，成人强行介入反而会让事情由小变大。）

解　读＿＿对话中，我们可以看到：孩子担心自己心爱的飞盘掉进水里，劝阻小朋友不要玩。结果小朋友不听劝阻，后来又加上了妈妈不愿意看到儿子和同事的孩子发生冲突，而临时改变规则，这些让孩子感到委屈。妈妈在反思中已经意识到自己的问题，这就是进步。

关于"以后遇到类似的情况是否要出面阻止"，我们需要知道：既然孩子很在意新买的飞盘，尽量让孩子自己来解决这个冲突，如果孩子需要帮助，那么父母帮助孩子出面阻止也没有什么过分的。因为对方也需要学习尊重别人的感受，爱护别人在意的东西。

下一步＿＿再遇到这种情况的时候，教给孩子该如何与对方沟通。例如，首先告诉对方不能在这里玩的原因："这是我爸给我新买的飞盘，你们可以到别的空地玩，别在这里玩，这里有水池，容易掉进去。"

其次，如果对方还是不听，那么可以进一步警示说："你们还想在这里玩的话，就还给我飞盘。因为我不想让飞盘掉到水里。"

最后，如果警示还是不起作用，那就采取行动，把飞盘收回来。

对话三：教给孩子面对冲突"如何说"，鼓励他自己说出来

背　景＿＿我带儿子推着他的扭扭车在小区楼下玩耍。像往常一样，我们准备玩出租车的游戏，他做出租车司机，我当乘客。小朋友贝贝也在旁边。

对话回放 __

贝贝： 我也要玩！

（话说完就坐在扭扭车上，开着走了。）

儿子（声音小小的）：我想开"出租车"。

（贝贝还继续玩，不理睬他。儿子看着我，他的表情像是想让我帮他。）

妈妈： 儿子，你可以大点声告诉贝贝，他可能没听见。[尽管孩子不敢，但妈妈还是鼓励他自己尝试说出来。]

儿子（胆怯的样子）：我不敢。

妈妈（蹲下来）：儿子，这个车是你的，你可以拿回来，你可以和贝贝说："我先玩，等一下给你玩。"[首先，蹲下来说话，对孩子来说已经是安慰了。其次，没有说教或者笼统地说"要勇敢"，而是教给孩子具体要说的话。参见第二章"提高'表达力'的'三要三不要'"中对 "要客观描述，不要笼统评判"的解读。]

儿子（声音很小）：贝贝，我先玩，等一下给你玩。

（贝贝开着扭扭车继续不理睬，还把两片树叶放在儿子的头上，然后大笑起来。儿子的表情很尴尬，不知道该怎么办。）

妈妈： 儿子，你喜欢这样玩吗？

（儿子摇摇头。）

妈妈： 那我们怎么办呀？

儿子： 不知道。

妈妈： 你可以告诉他："我不喜欢这样玩，把车还给我。"妈妈和你一起过去和他说。

（我带儿子走到贝贝身边，蹲下来，站在儿子边上，搂着他。）

[这一连串的肢体语言都传递给孩子：妈妈会来帮助你。]

儿子（比刚才的声音大了很多）：我不喜欢这样玩，把车还给我。

（贝贝这次没有再不理睬，把车还给了儿子。）

儿子：我先玩，等一下给你玩。

贝贝：好的。

（儿子开着扭扭车转了几圈，然后邀请贝贝一起玩起了出租车的游戏。）

反　思＿一开始看到贝贝那么霸道地抢走儿子的车，我心里很不舒服，本想直接上去把车抢回来，但是，我想起了在"极简亲子对话"课程中学到的：尽量让孩子自己解决冲突，也就耐下心来，引导孩子如何去和小朋友交涉。

我发现即使教孩子怎么去说，当孩子去说的时候，还是有点胆怯，这时候我陪他一起过去，对他是个很大的支持和鼓励。

看到两个孩子在一起友好地玩耍，真的很开心。

解　读＿妈妈在孩子的玩具被别的小朋友强行拿去玩时，并没有直接介入，而是通过蹲下来、搂着孩子、教给孩子具体要说的话、鼓励孩子勇敢地说出来等这一系列的动作来引导孩子尝试自己解决问题。妈妈很好地示范了"用引导代替强行干预"。

下一步＿平时可以用角色扮演的方式（妈妈扮演抢玩具的小朋友），帮助孩子多练习和小朋友发生冲突时该怎么处理。就像对话中那样，教给孩子具体回应的话语，并且鼓励孩子大声说出来。孩子越熟悉这些场景，应对起来也就越自如。

"我不喜欢他"常常意味着"我在乎他"

对话一：用引导代替说教

背　景 __ 早上送女儿去上学的路上和她聊天，她告诉我不喜欢班里的一个小女生。

对话回放 __

女儿： 妈妈，我不喜欢童童。

妈妈： 哦，为什么呀？［尝试用"那是什么原因呢"或者"她做了什么让你不喜欢呢"代替"为什么"。参见第二章中"表达力测试"第七题"忌追问'为什么'"的解读。］

女儿： 她跟我说她不喜欢我。昨天她说了两次。

妈妈： 其实我觉得吧，她不喜欢你很正常。妈妈身边的人也不是个个都喜欢我，爸爸周围的同事也不是都喜欢爸爸。一个人很难做到让每个人都喜欢。［这些回应有些说教，不起作用。需要理解孩子的感受，比如说"童童这样说，你伤心了。是吗？"参见第二章"表达力测试"第二题"忌说教"的解读。］所以，妈妈觉得她不喜欢你，没关系！［否定孩子的感受。参见第二章中"表达力测试"第一题"忌否定感受"的解读。］大多数小朋友喜欢你就可以了。[孩子此刻在意的是"童童不喜欢我",并没有在意"大多数"小朋友,并且她也不能理解多少算是"大多数"。]你看,你也不是喜欢所有的小朋友,是不是?你觉得这有问题吗?

女儿: 我不想和你说了。

（我们的谈话就这样结束了。）

反　思 __ 当孩子说"我不喜欢小朋友"的时候,我确实不知道该怎样教导孩子和自己不喜欢或者不喜欢自己的小朋友相处。以后她还会遇到合不来的人,不能指望每个人都喜欢她吧?

我也不明白给她讲的这些道理,她为什么都不爱听。

解　读 __ 孩子提到自己不喜欢童童是因为"童童说不喜欢我",这正说明她心里在乎和童童的关系,只是不知道该如何处理她们之间的小冲突。孩子不爱听,是因为她的感受没有被理解,妈妈的说教对她当下面临的问题没有帮助。

下一步 __ 首先,妈妈先理解孩子的感受,"童童说不喜欢你,让你伤心了。"然后再了解童童不喜欢孩子的原因是什么,比如可以问:"你们发生了什么事情,她不喜欢你了?"安静地听孩子讲,帮助她梳理思路。认真的倾听就能安慰她。

对话二:把"不喜欢和他玩"转化为"如何更好地和他玩"

背　景 __ 儿子在学爵士鼓的学校认识了一个小哥哥。俩人经常周末下课后一起玩儿。今天中午,我和儿子边吃饭边聊天。

对话回放 __

妈妈： 今天下午又可以和小哥哥见面了，你开心吗？［关注孩子的情绪。
可以尝试用开放性的问题：今天和小哥哥见面，想想会有哪些开
心的事情发生？］

儿子： 不开心！

妈妈（出乎意料地）：啊？你不喜欢跟他一起玩儿了？［同样尝试用开
放性问题：是什么原因让你觉得不开心？］

儿子： 对！

妈妈（实在想不出别的话）：为什么呀？［可以用"他做了什么事情让
你不喜欢跟他玩"代替"为什么"。参见第二章中"表达力测试"
第七题"忌追问'为什么'"的解读。］

儿子： 因为他老是让我帮他折纸飞机，他自己都不折。

妈妈： 哦，是吗？［简单回应。参见第一章"提高'倾听值'的'三要
三不要'"中对"要简单回应，不要打岔干扰"的解读。］

儿子： 对啊，我都累坏了！

妈妈： 那你以前帮他折纸飞机，他是不是很开心啊？［用提问而不是说教。
可以尝试用开放性问题："你以前帮他折飞机的时候，他是什么
心情？"］

儿子： 他开心，可是我不开心啊！

妈妈： 哦，你给他折飞机，他很开心，但是，你很累，所以不开心。是
这样吗？［用简单的总结来回应孩子的叙述，一方面表示你理解

孩子的情绪，另一方面也让孩子感觉到你确实是在倾听他。参见第一章中"倾听值测试"第七题和第八题关于"总结确认"的解读。]

儿子： 是呀！

妈妈： 那怎么办呀？［用开放性的提问，引发孩子思考。］

儿子： 我也不知道。

妈妈： 妈妈有个建议，你想不想听？

儿子： 想。

妈妈： 你可以试着和他说，让他和你一起折纸飞机啊。［提建议的时候，用"试着"，让孩子感觉不是被强加。参见第二章中"表达力测试"第三题"忌急于提建议"的解读。］

儿子： 嗯，我有个建议，你想听听吗？（开始模仿我）

妈妈： 好啊！

儿子： 我可以跟他说：如果你再不跟我学折纸飞机，万一哪天我生病了，你就没得玩儿了！［孩子能从对方的利益和角度来说这件事，非常难得。］

妈妈： 好主意！你是怎么想到的？［给孩子及时的赞赏！］

儿子： 我这么一想，就想到了！

反　思＿ 从儿子的第一句回应，我就觉得这是引导他练习解决冲突的好机会，（抓住机会练习。）脑子里使劲想该如何组织语言引导他，在一开始的时候，习惯性地用了封闭性的提问方式，后来意识到之后，开始用开放性的提问。孩子不但愿意和我分享了，还想出了比我更好的主意。通过实践看到了效果，很开心！

解　读 __ 对孩子之间的冲突，妈妈从对话的一开始，就采用循循善诱的方式找到孩子不喜欢小朋友的原因，而没有说教。并且从帮助者的角度，引导孩子把"不喜欢和他玩"转化为"如何能更好地和他玩"。

下一步 __ 妈妈后期可以对这次对话进行跟进。例如："你后来怎么和小哥哥说的？""你和小哥哥说了以后，他是什么反应啊？"这样能进一步了解事情的进展。

对话三：解读孩子"不喜欢他"的真正含义

背　景 __ 我和儿子每天晚饭后都有一段"亲子聊天"时光。

对话回放 __

儿子：妈妈，我不喜欢壮壮。

妈妈：你们不是好朋友吗？他做了什么让你不喜欢？［用开放性的提问，将问题进行细化，而没有问"为什么"。参见第二章中"表达力测试"第七题"忌追问'为什么'"的解读。］

儿子：我不喜欢他走路的那样。

妈妈：哦，他走路是什么样子呀？［进一步用开放性提问，把问题聚焦。］

（儿子站起来，仰着头，架着肩膀在客厅里走了两圈。说实话，我没看出这样走路有什么问题。）

妈妈： 你觉得这样走有什么不好呢？［引导孩子说出他的看法。参见第一章中"倾听值测试"第五题对"不急于否定孩子的说法"的解读。］

儿子： 妈妈，他这样走路，就好像谁都看不上。

妈妈： 哦，原来你不喜欢他，是因为他这样走路看上去"谁都看不上"的样子，是吗？［对孩子的描述进行总结，做回应。参见第一章中"倾听值测试"第七题和第八题对"总结和确认"的解读。］

儿子： 对！

妈妈： 哦，那你觉得他是故意谁都不理呢，还是他就是这样的走路习惯？或者他只是想装一下酷，其实，并没有不理人的意思？

儿子： 我也不知道，反正我就是觉得他不愿意理别人。

妈妈： 他是你的好朋友，你接下来准备怎么办？［用开放性的问题，引导孩子想办法。］

儿子： 我哪天找他谈谈，告诉他这样走路给人"谁也看不上"的感觉。

妈妈： 这个主意好！把你的想法亲自和他说一说。［及时的赞赏！］

反　思 ＿ 孩子一天天长大，对周围人的行为有了更多的观察，也有自己的观点和态度。这次对话，我刻意将"极简亲子对话"课堂上学到的方法，通过不断提问，将问题细化，将"不喜欢"细化到"不喜欢走路姿势"，再进一步细化到"不喜欢骄傲、不爱理人"的态度。在这个过程中，虽然没有给到孩子什么特别的建议，但是他自己想出了办法，也有被理解之后的满足。

解　读＿针对孩子说的"不喜欢××"，妈妈既没有给孩子讲大道理，也没有对孩子轻易下结论，而是通过倾听和提问，找到问题的核心不是"不喜欢他走路的样子"，而是"不喜欢他谁也看不上的样子"。孩子在妈妈循循善诱的引导下，梳理思路，对问题进行细化和定位，自己找到解决办法，重拾友谊。

下一步＿既然壮壮和儿子是好朋友，就有必要跟进一下儿子和好朋友聊的结果。当然，仍然使用引导和启发的方式。例如："你是怎么和壮壮聊的？说出你对他的感受以后，他有什么反应？"……帮助孩子尽可能想办法恢复他们之间的友谊。

温馨提示

当孩子与同伴发生冲突时⋯⋯

✓ 父母冷静的态度有助于孩子情绪的平复，更快地与朋友和好。

✓ 帮助孩子学习自己处理冲突，父母的强行介入会让简单的事情变复杂。

✓ 安静地倾听，有时孩子只是想倾诉，并不期望父母介入。

✓ 理解孩子的感受，给孩子做示范，教给孩子面对冲突"如何说"。

✓ 用开放式的提问，引导孩子把冲突的经过描述出来，帮助他梳理思路，启发孩子自己想出解决办法。

✓ 冲突过后，和孩子一起复盘：哪里做得好？哪里需要改进？下次再出现这种情况，还有哪些更好的处理方式？以后如何避免不必要的冲突？

✓ 拓展思路，将"不喜欢和他玩"转换成"如何更好地和他玩"。

✓ 对冲突进行聚焦细化，找到"我不喜欢×××"的真正原因。

实操训练记录

记录最近一次在处理孩子与同伴之间冲突的时候，你是如何做的？

时　　间：　　　　　　　　　　地　　点：

背　　景：　　　　　　　　　　孩子冲突的起因：

你是如何回应的：

自我评估效果如何：

孩子的感受如何：

处理过程中，有哪些新的发现：

处理过程中，遇到了哪些挑战：

有哪些具体做法来面对这个挑战：

下次同样情况发生的时候，如何做得更好：

第五章＿＿＿＿＿＿＿＿＿＿＿＿＿＿＿＿＿＿

孩子与兄弟姐妹的冲突：
营造融洽氛围，学习彼此关爱

　　每次看到年轻父母走在路上，手上牵着一个孩子，怀里抱着一个孩子，路人总会送去羡慕的眼光，羡慕他们家有俩宝贝真好！

　　但只有多子女的父母才能切实体会到其中的苦与乐。他们除了要承受养育孩子带来的劳累，还会增加一个新的角色——"法官"。父母极力在"原告"和"被告"之间调解，即便如此，仍然少不了孩子的控诉。今天这个孩子说："你总是向着哥哥！"明天那个孩子喊："不公平！凭什么我每次都让着妹妹！"……

　　而孩子之间也常常是"对方手里的玩具总是最好的"，他们合不来又打不散，相爱又相杀的样子，常常让父母哭笑不得。

　　家里有多个孩子，父母又实在忍不住把他们做比较。"老二总是能安安静静地玩很长时间，老大玩不到五分钟就要喊人来陪。""哥哥大大咧咧，什么事情都不放在心上，不记仇。妹妹不高兴了，哄她半天都不管用。"……

　　作为多子女的父母，该如何欣赏每个孩子独特的个性并给他们特别的关注？怎样为孩子营造融洽的氛围，建立互爱的关系？如何做一个主持公道的"法官"？我们将在这一章里，通过对话来重点学习。

　　先来回顾一下，在家里孩子之间发生冲突的场景。

1．观察并写下通常什么情况下兄弟姐妹会产生冲突。

例如：

✓　孩子在玩儿的时候，争抢玩具。

✓　孩子在觉得父母分配不均、偏向其中一个的时候。

✓　孩子在父母表扬其中一个的时候。

　　其他：

2. 观察并写下兄弟姐妹发生冲突时的表现是什么。

例如：

✓ 强势的一方打另一方，弱势的一方找父母哭诉。

✓ 兄弟姐妹直接动手对打，没有父母的参与。

✓ 兄弟姐妹都来找父母评理。

其他：

3. 通常兄弟姐妹发生冲突的时候，你是怎么处理的？

例如：

✓ 批评强者，安慰弱者。

✓ 忽略他们的冲突，让他们自己解决。

✓ 把他们都叫来，动之以情，晓之以理。

其他：

常言道"手心手背都是肉"，但把手伸出来仔细看看，手心手背上的肉还真不是一样多。做父母的在对待孩子之间的冲突时，难免有偏颇，但尽量提醒自己"大宝小宝都是咱的宝"。

我们来看看多子女父母的苦恼，以及该如何应对。

尊重孩子的差异，拒绝比较

对话一：欣赏他们不同的天赋，而不去比较他们的差异

背　景 __我们家有两个儿子，个性完全不一样。哥哥不爱说话，弟弟却说起来没完。

天暖和了，我们全家带两个孩子出去玩，回来的路上，我想锻炼锻炼他们的表达能力，车上问起他们今天出去玩的收获。

对话回放 __

妈妈： 你们俩谁来告诉我，今天咱们出去玩，都看到什么了？ ［用开放
　　　　性的提问方式。］

弟弟： 我看到了公园里有花。
　　　　（哥哥不说话。）

弟弟： 有红花、黄花，还有粉花。
　　　　（哥哥还是不说话。）

妈妈： 哥哥也说说呀！你看弟弟说了这么多了。［"也"的表达方式会

掉进"比较"的陷阱。如果用"我想听哥哥说说今天看到了什么"来代替"哥哥也说说呀",效果可能会不一样。参见第二章中"表达力测试"第五题关于"忌比较"的解读。]

哥哥：我不想说。

弟弟：我还看到公园里有树,还有三个人骑的自行车。

妈妈：哥哥你快说呀!弟弟看到的你也看到了呀![哥哥已经表示不想说了,这时候越催促,孩子越不想说,再加上有弟弟的比较,他就更不想说了。]

哥哥：我就是不说,烦死了!

弟弟(还沉浸在其中):我还看到了……

哥哥(捂住耳朵):我不听!别说了!

妈妈：一块儿带你们出去,你看弟弟能说出这么多,你什么也说不出来,你还不爱听![妈妈三次用弟弟作比较,容易激怒哥哥。]

哥哥(气愤地):你们都别理我!

　　　　(一场对话就这样结束了。)

反　思 __ 哥哥在语言表达方面本来就不如弟弟,本想让哥哥多说,希望哥哥也向弟弟学习学习,结果事与愿违,闹得不欢而散。

不过,哥哥在动手方面倒是比弟弟强,乐高玩具买回家,哥哥很快就拼好了,弟弟拼两下没弄好,就放弃了。

我也知道每个孩子的天赋不一样,不应该拿他们俩去做比较,但是我又确实希望他们俩能取长补短,真不知道该怎么办。

解　读 __ 妈妈一开始想要锻炼哥哥的表达能力，这本身没错。但是如果用弟弟做比较，那么本来就不善言辞的哥哥，听到弟弟流畅的表达，再听到妈妈不断强调弟弟做得好，他就容易沮丧挫败，更不愿意说了。

妈妈在反思中提到：每个孩子的天赋不一样，他们所擅长的事情也不同。我们需要接纳并欣赏他们的不同。进行无谓的比较，不仅不能弥补他们的短板，反而增加了兄弟之间的冲突。

下一步 __ 父母学会欣赏孩子不同的天赋，赞赏哥哥的动手能力、弟弟的表达能力，不去做比较。哥哥虽然没能像弟弟那样，说出很多看到的东西，但是不见得他对看到的东西没有自己的想法。

如果想提高哥哥的表达能力，可以先从他所擅长的事情开始。比如：哥哥擅长动手，让他讲讲他是怎么把乐高搭得那么好的？相信他提到自己所擅长的事情，一定有很多话可以说。或者回家让哥哥用乐高玩具来展示他今天所看到的，说不定他独特的表达方式会给父母带来惊喜呢！

对话二：接纳他们不同的个性，找到适合的相处模式

背　景 __ 家有两宝对我来说，最大的苦恼就是孩子个性完全不同。哥哥随和，妹妹挑剔。商量点儿事情，总要和妹妹费很多口舌。

对话回放 __

妈妈： 今天丁丁妈妈给我打电话，邀请咱们这周末去他家玩。

哥哥： 好呀！丁丁说他们家有秋千，我想去玩。

妹妹： 他们家除了秋千，还有什么好玩的？

妈妈： 去了就知道了。

妹妹： 还有谁去呀？

妈妈： 我不知道丁丁妈妈还邀请了谁去。

妹妹： 什么时候去呀？

妈妈： 这周六，具体时间还没有定呢。

妹妹： 咱们在哪儿待多久啊？

妈妈： 不知道，到时候再看情况呗。

妹妹： 他们家在哪儿啊？

妈妈（失去耐心）： 你问这么多，到底想不想去？你要不想去，我就送
　　　你去奶奶家。我带哥哥去。

妹妹： 我没想好呢。

反　思 __ 每次商量事情，哥哥总能爽快答应，妹妹问这问那的，直
到消耗完我最后的耐心。我不理解：一点儿小事儿，她为什么会有那么多
要考虑的，为什么不能像哥哥那么痛快？

解　读 __ 我们一般会趋向于接纳和理解与自己个性比较接近的人。
兄妹俩个性不同，对事情的回应自然也不同。哥哥做决定快，妹妹需要知
道更多信息才做决定，两种方式，各有各的好处。妈妈不必给女儿贴上"挑
剔"的标签，她只是做决定的方式不同而已。

下一步 __ 针对女儿的个性，在商量事情的时候，父母尽量把她可能
会关心的问题提前了解，向她提供更多细节，也给孩子做决定的时间。例如：
"我们计划这周六下午 4 点左右去丁丁家，大概会玩到 6 点钟。我问问丁

丁妈妈还邀请了谁去、他们家有啥好玩的玩具，然后告诉你。你考虑考虑。明天告诉我要不要去。"如果我们心里真正接纳她的个性，就会在互动当中有更多的耐心。

对话三：接受他们不同的能力，给"弱势一方"更多鼓励和肯定

背　景 __我们家有一对双胞胎兄弟。不管学什么东西，弟弟总比哥哥快。去年两个孩子都上学了，每天晚上写作业，弟弟很快写完玩儿去了，哥哥半天还没有做完。

对话回放 __

弟弟： 妈妈，我写完作业了，先玩儿去了。

妈妈： 好的，这么快就写完了。哥哥也快点写，你看看弟弟又先写完了。

哥哥： 妈妈，这道题我读不懂。

妈妈： 我就奇怪了，你们在学校听同一个老师讲课，怎么弟弟一看就明白了，到你这里就这么费劲。[孩子在求助，妈妈却在把哥哥和弟弟做比较。]

哥哥（大声地）：他是他，我是我。[孩子说得还真没错！]

妈妈： 你不会做还有理了，还这么横！

哥哥（哭着）：不帮就算了！

反　思 __我确实搞不明白，这一对双胞胎兄弟，在学东西方面差别

这么大。背诵同一篇课文，弟弟三五分钟就背下来了，哥哥背半个小时还是磕磕巴巴。每次考试，也都是弟弟比哥哥考得好。

今天孩子说题目看不懂，我确实应该先帮助他，不应该向他发火。但是一看到弟弟那么快就做完了，对比之下，哥哥这么慢，我就忍不住责备哥哥。

解 读 ＿ 我们不得不承认每个孩子接受新知识或者学习一项新技能的速度是不一样的。即便是双胞胎，他们也都是独一无二的。

可贵的是在妈妈的反思中，意识到了：哥哥遇到困难向妈妈求助，妈妈应该先安慰孩子并为他提供帮助。拿弟弟做比较，只能让哥哥感到更挫败。

下一步 ＿ 妈妈要接受两个孩子在学习能力上的差异，这种差异很正常。在学习上处于"弱势"的哥哥，更需要鼓励、帮助和认可。

妈妈可以了解哥哥属于哪一类学习模式（视觉模式、听觉模式还是触觉模式），然后找到适合哥哥的学习模式，并且对哥哥的进步，给予及时的肯定和赞赏。

给孩子"专属"而非"同等"的待遇

对话一：变争宠为互助，从"争夺爱"到"分享爱"

背 景 ＿ 我家里有一对龙凤胎，今年五岁了。很多亲戚朋友都羡慕我儿女双全。但是，我却一直苦恼一件事情：两个孩子经常争宠，让我疲惫不堪。前几天因为两个孩子单独睡觉的事情，让我每天晚上分身乏术。

对话回放 ___

妈妈：你们俩现在是大孩子了，从今天开始要回你们的儿童房单独睡觉了。

女儿：不！我就要和爸爸妈妈一起睡。

儿子：我愿意去儿童房睡！

妈妈：你看哥哥愿意去儿童房睡觉。妹妹也应该没问题，对吧？［可以尝试先对哥哥愿意单独睡觉，表示赞赏。比如："太好啦！哥哥愿意回儿童房睡觉！"］

女儿：不对！我自己睡觉害怕！

妈妈：有哥哥陪你呢！哥哥睡上铺，保护你！［在这里可以问一下孩子："你害怕什么呢？"找到孩子害怕的原因。］

女儿：我要妈妈陪我，要不然我就不睡！

妈妈：好吧。那我就陪你睡一个星期。以后你就一个人睡。

女儿：好的！

（睡前把孩子都安顿在床上，我在下铺陪妹妹睡觉。）

儿子：妈妈，我也要你陪我睡，要不然，我也睡不着。

妈妈：我陪妹妹睡，就没办法陪你了。

儿子：妈妈，你是不是不爱我呀？［儿子感觉到自己失宠了。］

妈妈： 儿子，我爱你呀！可是妹妹也是妈妈的孩子。

儿子： 那我也是你的孩子，你为什么不陪我睡觉？

女儿： 我也是你的孩子，你要陪我睡。

（儿子和女儿开始争执起来。）

妈妈： 别吵了！要不这样吧，我先把妹妹哄睡着，然后再到上铺陪哥哥
睡觉？

儿子： 不行！先陪我睡！

女儿： 不行！先陪我睡！

（儿子和女儿又一轮争执。）

妈妈： 这样吧！我今天先陪妹妹睡着，然后再陪哥哥，明天先陪哥哥，
然后陪妹妹。

儿子、女儿： 行！

（他们终于停止了争吵。我陪妹妹睡着，然后再爬到上铺，看到
哥哥真的没睡一直在等着我。最后把儿子哄睡着，已经是晚上
十一点了。我才满身疲惫地回到自己的房间。接下来的几天，都
是如此。）

反　思 __ 这一个星期下来自己感觉很累，犹豫到底要不要坚持让孩
子独立睡觉。哥哥本来是欣然接受回儿童房睡觉的，可是后来看到我陪妹
妹睡觉，又改主意了。两个孩子因为争抢，不断发生冲突。我真是恨不得
把自己分两半给他俩，这样就不会再有争执了。

解　读 __ 妈妈鼓励五岁的孩子独立睡觉是好事儿。在处理两个孩子

争宠的过程中，牺牲自己，尽量给他们一样的待遇。但是，这样做产生的后果就是，自己被折腾得筋疲力尽。并且，即便妈妈试图一碗水端平，孩子们仍然会觉得对方得到的总是比自己多。

下一步 ＿ 从妈妈刚开始的描述中，我们看到哥哥对独立睡觉是接受的，只是妹妹有畏难情绪。那么妈妈可以和兄妹俩聊一聊，妹妹对单独睡觉具体害怕什么？针对妹妹的顾虑，先去理解她的感受，然后再和孩子一起想办法。重要的是邀请哥哥参与讨论，并鼓励哥哥为妹妹出谋划策。这样，既给哥哥帮助妹妹提供了机会，又增进了兄妹之间的感情，妈妈也可以睡个安稳觉。让孩子之间的争宠，转变为彼此的互帮互助。从"要得到爱"转换为"愿付出爱"。

另外，平时尽量给每个孩子单独相处的时间，比如某天下午单独带哥哥出去玩儿，这一下午的时间只属于哥哥，全身心地陪他玩儿。在另外的时间，单独带妹妹出去，同样这段时间不被打扰，陪妹妹度过高质量的亲子时间。

在家里，经常当着两个孩子的面说："你是我最爱的儿子！""你是我最爱的女儿。"让孩子感受到，他们得到的是专属的爱，而不是被瓜分的爱。

对话二：与其买双份玩具，不如教孩子分享玩具

背　景 ＿ 两个孩子都在客厅玩，我在书房看书。一会儿就听到哥俩大声说话，接着传来弟弟的哭声。我赶紧走过去，看看究竟。

对话回放 __

哥哥： 这是我的小汽车，你不能拿！

弟弟： 我就要拿！

妈妈（对哥哥）：你刚刚不是在玩拼图嘛，就让弟弟先玩会儿小汽车。
弟弟玩儿好了，你再玩儿。玩具大家都可以玩儿。[妈妈在做"裁
判"之前，可以先了解一下情况：哥哥因为什么不给弟弟玩？]

哥哥： 为什么总要我让着他！就是不给他玩！

妈妈： 你是哥哥，先让弟弟拿去玩儿！
（我强制哥哥把小汽车给了弟弟。哥哥很不高兴，开始哭。）[妈
妈有没有想过：强制带来的后果是什么？哥哥迫于妈妈的压力，
把玩具给弟弟玩，但是，设想一下：当妈妈不在场时，哥哥会怎
么做？]

哥哥（边哭边说）：你就是总偏向弟弟！以前给弟弟的玩具，都让他摔
坏了。你看这个消防车、这辆校车，还有这辆吉普车，都让他弄
坏了。现在就剩一辆好的了，给他玩儿，他就又给摔坏了。

妈妈： 下次我给你们俩买一样的玩具，你们各玩各的！
（哥哥继续委屈地哭。）

反　思 __ 对孩子发生的这场争执，我处理得有点简单粗暴，应该耐心
地把情况了解清楚。哥哥对玩具很爱惜，而我们确实对弟弟比较放任，在爱
惜东西方面教育得不够。哥哥小时候玩过的玩具都是好的，但到弟弟手上全
坏了。哥哥不愿意让弟弟玩他的小汽车，就是因为弟弟不爱惜玩具。

解　读 __ 在处理孩子间冲突的时候，父母需要先了解事情的前因后果，在进行处理之前可以想一下：这样做是增进他们的关系，还是会让他们之间的关系恶化？不过，妈妈能及时反思到哥哥这样对待弟弟的原因，也是进步！

对话的最后，妈妈想出给两个孩子买一样的玩具的办法，以避免他们争抢玩具。相信这是个没有办法的办法，但是，这样操作起来并不现实。妈妈可以想一想还有没有更好的办法，既可以不必浪费钱买双份玩具，还可以帮助弟弟学会爱护玩具？

下一步 __ 在大家情绪都稳定的时候，可以和哥俩一起探讨：怎么帮助弟弟爱惜玩具。需要特别注意：把"爱惜"这个抽象的词语，转换成具体可操作性的动作。例如：玩具要轻轻地拿，轻轻地放；当弟弟忘记的时候，用一个暗号来提醒他；在玩具上做一个表示"轻拿轻放"的图标……这样的讨论，既解除了哥哥怕弟弟摔坏玩具的顾虑，培养了弟弟爱护玩具的好习惯，还让兄弟俩学会了分享玩具，也知道了解决冲突的方法。最重要的是，增进哥俩的感情，可谓一举多得！

对话三：把"恶性竞争"转化为彼此欣赏

背　景 __ 我家里有两个女儿，姐妹俩相差两岁，什么事情都想争个输赢，比个高低。我经常被她们请来当裁判。一开始，我还根据情况，评判出个先后，但是排在第二名的那个一定会闹起来没完。后来，我的做法就是判定她们"并列第一"，两个孩子消停了一段时间。

但是，今天晚上发生的事情，我发现"并列第一"的招数也不管用了。

晚上，姐妹俩在画画，画完了找到我，非要评出谁是第一名。

对话回放 ▁

姐姐： 妈妈，我画完了，你看我画得好不好？

妈妈： 嗯，真好！［这里用我们所学的"描述性赞赏"效果会更好。参
见第二章中"表达力测试"第四题对"描述性赞赏"的解读。］

妹妹： 妈妈，我也画完了，你看我画得好不好？

妈妈： 嗯，画得挺好！［同样，这里也建议用我们所学的"描述性赞赏"。
参见第二章中"表达力测试"第四题对"描述性赞赏"的解读。］

姐姐： 那你说我们俩谁画得好？

妈妈： 画得都很好！并列第一！

姐姐： 我不要"并列第一"，你就只能说一个！

妹妹： 我也不要"并列第一"！

妈妈： 你们太为难我了。你们画得都非常好。我评不出来谁是第一。

姐姐： 我画得好，妹妹画的太阳都不圆。

妹妹： 我画得好，姐姐画的树都歪了。

姐姐： 我画得好！

妹妹： 我画得好！

......

（两个孩子又开始没休止地争了起来。我实在受不了她们的争吵，
离开了房间。）

反　思 __ 两个孩子年龄相差不多，喜欢竞争。我平时尽量对她们做到公平，比如：表扬姐姐的时候，总要把妹妹也捎带上，哪怕表扬的事情和妹妹没有任何关系。给妹妹一个奖励，也得把姐姐捎带上。即使这样，她们俩还是争个不停。今晚"并列第一"的策略失效，我真不知道该怎么办了。

解　读 __ 孩子们有上进心，希望自己做得好，这是件好事。妈妈之前用"并列第一"的方式，可能暂时平息了她们之间的竞争。但是孩子们需要的不是"同等"，而是"专属"。所以，这也是 "并列第一"策略失效的原因。

下一步 __ 就这场对话而言，父母不妨尝试，在一开始的时候，对孩子们的画进行"描述性的赞赏"。例如："嗯，姐姐的这幅画色彩用得很好，看上去真有春天的感觉。""哇，妹妹画的太阳线条比以前顺滑多了，能画这么圆，不容易呢！"并且邀请姐妹俩分别说出对方画得好的地方。这样把孩子们的注意力从"把对方比下去"转移到"对彼此的欣赏"。并且，用"描述性的赞赏"让孩子们感受到"妈妈给我的评价是我所专属的"。

另外，有可能的话，给姐妹俩布置一些需要一起配合才能完成的任务。比如让姐姐画轮廓，妹妹来涂色，或者姐姐画比较复杂的部分，妹妹负责稍微简单的部分，这样就可以把她们之间的竞争关系，转化为合作关系。

每个孩子都是独一无二的，当孩子在互相比较的时候，要淡化这种比较，引导孩子之间彼此欣赏。

主持公道的方法

对话一： 主持公道就是查看全过程，不以偏概全

背　景 __ 哥哥 5 岁，妹妹 2 岁。按说一儿一女是件幸福的事情，但是我却经常为他们俩之间的争吵而烦恼。

今天北京难得好天气，晚饭后我准备带俩孩子到外面玩。哥哥拿了一把水枪，妹妹拿了三把水枪，还分给我一把。结果我进厨房拿东西，把水枪落在里面。出门时，妹妹发现我没拿水枪，急得直跺脚，这时候哥哥跑回厨房拿了出来（哥哥看到妹妹着急，主动帮忙拿出来）。

对话回放 __

妹妹： 这是我拿给妈妈的。[妹妹说的没错，在这之前确实是她给妈妈的。]

哥哥： 这是我拿给妈妈的。[哥哥说的也没错，此时此刻确实是他拿给妈妈的。]

（两个孩子在客厅争执起来。哥哥吵不过妹妹，就动手推了一下妹妹。妹妹哇哇大哭找我抱。我把妹妹抱起来，安慰她，生气地瞪着哥哥。哥哥也很生气，挑衅地看着我。）[如果妈妈能在两个孩子刚开始为"谁给妈妈拿的水枪"争执时，就做出公正的调解："你们两个说的都没有错，一开始是妹妹给我的，是我忘记拿了，后来哥哥主动回厨房拿给我。你们两个宝贝，一个是之前给我，一个后来给我。"情况可能会好些。]

哥哥（很大声）：怎么了，看我干嘛？

妈妈：不可以推妹妹！

哥哥：我就推了，哼！

妈妈：推人是不对的，有什么话好好说。

哥哥：我不理你，哼！

妈妈：来，我们先不出门了，咱们两个好好谈谈。

哥哥：哼，我不跟你谈。

（我强压住心中的怒火，拉着哥哥回客厅，彼此僵持了一会儿。情绪稍微平复下来之后，我回顾刚才事情的经过，虽说哥哥推妹妹不对，但是，想到哥哥看见妹妹急得直跺脚，就主动去找水枪，其实他是在努力帮助妹妹。）[妈妈回看事情的全部过程，而没有单单关注"哥哥推妹妹"这一个点。这是解决这场冲突的重要转机。]

妈妈：来，我抱抱你。[通过肢体语言安慰孩子，主动示好。]

哥哥（用手推我）：哼，我不抱。你偏心眼儿！

妈妈：我刚才回想起来了。你看到妹妹发现妈妈没带水枪，直着急。你想帮妹妹找到水枪，就主动回厨房拿水枪给妈妈。后来确实是你给妈妈拿的水枪。[妈妈没有为哥哥投诉自己"偏心眼"辩解，而是具体描述哥哥刚才的行为。]

哥哥（情绪好转些）：嗯。就是。

妈妈：你是怎么找到的？

哥哥：我刚才见你进厨房了，就想着你肯定是落在厨房了。

妈妈：你的判断还真对。难怪你那么快就找到了！

哥哥：嗯！

妈妈：你帮妹妹找水枪，挺好的。另外，咱们以后不能动手推妹妹。有话好好说。

哥哥：嗯！［当孩子感受到妈妈的公正对待，就更愿意接受妈妈说的。］

妈妈：你刚才推妹妹，现在要和妹妹说什么？

哥哥（对妹妹）：对不起。

妹妹（摇摇头）：没事儿。

妈妈（对妹妹）：哥哥帮你找到水枪，你现在和哥哥说什么？

妹妹（对哥哥）：谢谢哥哥！

哥哥（对妹妹）：不客气。

（我抱了抱两个孩子，带他俩下楼，两个孩子玩得很开心。）

反　思 ＿ 家里兄妹俩大部分的争执都是哥哥觉得我偏向妹妹。我也想不明白他怎么会有这个结论。以前出现类似的情况，我都忍不住揍哥哥，但这次忍住没有大发脾气。情绪平复之后，客观地梳理事情的整个过程，而不是只看某一个局部。想到了哥哥在动手之前，做得好的地方。不接纳孩子的行为，但是要理解他的感受。（参见第二章"提高'表达力'的'三要三不要'"中对"要理解指正，不要说教指责"的解读。）

最后妈妈看到两个孩子和好如初，很开心！

解　读 ＿ 妈妈看到哥哥动手推妹妹，忍住了怒气，没有回到原来处理冲突的模式中，而是在冷静之后，从整个事件的经过来对孩子间的争执进行判断，而不是从某一局部（哥哥推妹妹）来评判是非。既安慰理解哥哥，赞赏他主动帮妹妹找水枪，又提醒他推妹妹是不对的。最后让兄妹俩互相道歉、致谢，让一场冲突化于无形。

下一步 __ 为了融洽兄妹之间的关系，背后要经常多说另一个孩子的好话："哥哥多喜欢你，上次帮你背书包。""妹妹喜欢你，妹妹觉得你会折纸飞机，真了不起！"

有时间给哥哥翻看他小时候的照片，"你看这是你像妹妹那么大的时候，爸爸妈妈带你去海边玩。"让哥哥感受到，在他小时候也得到过爸爸妈妈特别的关注。

对话二：主持公道可以用幽默和游戏解决争执

背　景 __ 因为家里住房条件有限，两个孩子都和我一起睡觉。哥哥妹妹各有一个小毯子。半夜有点凉，哥哥钻到我的被子里，我就把哥哥的毯子给妹妹盖上。

早上醒来，哥哥发现妹妹盖了他的毯子，非要抢回毯子，说那是他的，妹妹死活护着毯子不给。

对话回放 __

妈妈：妹妹，这个毯子的确是哥哥的，我们也要起床了，还给哥哥吧。

妹妹：不，我不给！

哥哥：哼！还给我，不给我，我打你！（说着就要去扯毯子。）

妹妹：哼！我不给！（大哭了起来）

妈妈（看着妹妹不愿意，就想劝哥哥）：你看你盖着妈妈的大被子呢，妹妹盖她自己的毯子有点冷，你就先借给她一会儿，反正咱们也要起床了。

哥哥：哼，我不和你说话了！

妈妈：那好吧，我们都冷静一会儿，不说话了。[这里的"我们"用得很好。没有指责某个人，而是哥哥、妹妹和妈妈，"我们"一起冷静一下。]

哥哥：哼，别和我说话。

（我心里想着：怎么化解僵局呢？既然不让我说话，我就不说吧！我就表情夸张，闭着嘴巴含含糊糊发出不同声调的"呜呜"声，指指哥哥，指指表，指指哥哥的衣服，再指指妹妹，指指妹妹的衣服。妹妹哈哈大笑，哥哥侧着脸，也憋着笑，我就继续表演哑剧，很快他们乐不可支地开始穿衣服起床。一场冲突终于落下帷幕。）

反　思__我们家很多冲突发生在起床时，以前遇到这种僵局，我就晾着哥哥，他不说话我就不理他。但是接下来他会整出各种花样来，最后导致我勃然大怒。

这一次我想别硬来，得想办法，玩个游戏先平息他的怒火，没想到效果很好。其实玩玩游戏给个台阶下，情绪好了，动作就快了。只是大人往往喜欢简单粗暴。在短时间内想出应对的办法很不容易，想做个有智慧的妈妈还需要多多练习。

解　读__在对话的开始，能看出妈妈立场发生的变化：一开始向着哥哥，看到妹妹哭了，又向着妹妹。当两个孩子的妈妈，主持公道不容易啊！

但是，妈妈没有陷入两个孩子的争执中，而是机智地用幽默化解了冲突。

下一步 __ 用幽默化解冲突，确实是个好法子。一家人在一起，难免磕磕绊绊的，没准妈妈的幽默感会被两个孩子很好地挖掘出来呢！也许，"游戏和幽默"的方式，会成为他们家解决冲突的特色呢！

对话三：主持公道就是不先入为主

背　景 __ 上午带着兄妹俩下楼，在小区花园里玩耍。一扭头的工夫，忽然传来孩子的哭声，循声一看，妹妹捂着胳膊在哭，哥哥站在边上一脸无辜地看着我。

对话回放 __

妹妹： 妈妈，哥哥欺负我！

妈妈： 你们谁来告诉我发生了什么？［不用"谁欺负谁"来做预设，也不受"告状"孩子的影响，而是给每个孩子陈述事情经过的机会。参见第一章中"倾听值测试"第四题关于"不要急于做判断、下结论"的解读。］

哥哥： 我没欺负她。她跟别的小孩跑，我怕她摔倒，想拽住她，没拽住，她自己绊倒了。

妈妈： 是这样吗，妹妹？

妹妹： 嗯！［和双方当事人确认信息的准确性。］可是，哥哥确实拽我了。

妈妈： 哥哥不是欺负你，他刚才拽你，是想帮你，怕你摔倒。胳膊磕得疼不疼？

妹妹（点点头）：嗯。

妈妈： 来，妈妈帮你揉揉。

（我帮她揉着胳膊。）[妹妹感受到被关心。] 这时妹妹心情好多了。哥哥一脸无辜的表情也一扫而光，放松了很多。[哥哥感受到被理解。]（兄妹俩又一起开心地玩起来。）

反　思 __ 运用"极简亲子对话"里所讲的：不做预设，学会倾听。如果先入为主，就会认为哥哥淘气欺负妹妹，那样不仅对哥哥不公平，对两个孩子的关系也非常不利。可见倾听多么重要！

解　读 __ 妈妈在处理冲突的时候，没有被看到的表面现象所影响，而是给孩子机会，认真听孩子把事情的经过进行还原，然后再作解释和判断。

先入为主容易让我们对事情的判断失去公正的立场，也失去孩子的信任。妈妈把所学到的知识运用到解决孩子的冲突中，真好！

下一步 __ 在解决这个冲突过程中，妈妈除了安慰受伤的妹妹，还要记得对哥哥保护妹妹的意图表达肯定和鼓励。例如："你想保护妹妹，结果还没有来得及，她就自己摔倒了。哥哥能想到保护妹妹的安全，真好！"并且引导妹妹向哥哥表达感谢，促进兄妹之间的感情。

温馨提示

当孩子与兄弟姐妹发生冲突时……

✓ 不对孩子作比较，欣赏并接纳他们不同的天赋、个性和能力。

✓ 不说"也"，描述一个孩子的作为，不牵涉另一个孩子。

✓ 把彼此的竞争转化为互相的欣赏。

✓ 将争宠转化为互帮互助，引导孩子从"争夺爱"到"分享爱"。

✓ 买双份玩具不如教给孩子分享玩具。

✓ 用幽默、游戏的方式解决冲突。

✓ 给每个孩子专属的时间、专属的赞美。

✓ 不先入为主，给每个孩子平等的申述权利，还原冲突的经过，再下
   结论。

✓ 不一味地偏袒看起来弱势的一方，否则会造成"会哭的孩子有糖吃"
   的局面。

✓ 找到孩子冲突背后的原因，他们各自的担心、顾虑是什么。

✓ 不要为孩子设定角色。比如：哥哥姐姐就一定要让着弟弟妹妹，彼
   此谦让是兄弟姐妹都要去学习的。

实操训练记录

记录最近一次在处理兄弟姐妹之间冲突的时候，你是如何做的？

时　　间：　　　　　　　　　　　地　　点：

背　　景：　　　　　　　　　　孩子之间冲突的起因：

你是如何回应的：

自我评估效果如何：

孩子的感受如何：

处理过程中，有哪些新的发现：

处理过程中，遇到了哪些挑战：

有哪些具体做法来面对这个挑战：

下次发生同样情况的时候，如何做得更好：

爱是鼓励和帮助

培养孩子品格的沟通课

———

真实生活没有彩排和预演，每天都是现场直播。

父母的焦虑担忧，孩子的沮丧失望，

都是必不可少的情节。

而鼓励和帮助的话语就是我们要熟记的台词。

鼓励他们勇于面对挑战，帮助他们成为更好的自己。

第六章_____

建立自信：理解孩子的难处，
认可他们的努力

　　人们对"自信"的解读，有很多角度。有人说，自信就是相信自己；也有人认为，自信就是知难而进；还有人觉得，自信就是了解自己的长项和短处，扬长避短。

　　这些都是对自信很好的诠释。此外，我们还认为自信不是"我能做什么"，而是"我做到了之前认为做不到的事情"。自信也不只依赖于最后成功的结果，而是渗透在努力过程中的点点滴滴。自信是勇于尝试，不怕失败，正如《老人与海》的作者海明威所说"被击倒不是最糟糕的失败，放弃尝试才是真正的失败。"

　　相信每位父母都期待培养出自信的孩子，同时，也有很多感慨：孩子稍微遇到点困难就退缩，他们总能找到各种放弃的理由。

在孩子有畏难情绪、想要放弃的时候，父母该如何耐心引导、鼓励孩子去尝试，是我们这一章所要讨论和学习的主题。

请先回顾并记录一下，平时在帮助孩子建立自信方面，自己是怎么做的？

1. 观察并写下孩子通常遇到什么事情会退缩、缺乏自信。

例如：

✓　学习一项新技能的时候。

✓　尝试几次之后，还是做不好的时候。

✓　当其他小朋友都已经掌握，自己还不熟练的时候。

其他：

2. 观察并写下孩子通常缺乏自信时的表现是什么。

例如：

✓ 自己生气。

✓ 大哭。

✓ 找借口逃避。

其他：

3. 通常孩子遇到困难退缩、缺乏自信的时候，你是怎么处理的？

例如：

✓ 讲道理："遇到一点困难就逃避，以后要遇到更大的困难，怎么办？"

✓ 放任："你不想学，咱就不学了。"

✓ 威胁："再这样，以后就什么也别想学了！"

✓ 提供帮助："你需要妈妈怎么帮助你？"

其他：

自信并非"能做什么"，而是"做到了之前认为做不到的事情"

对话一： 父母身体力行做示范，营造轻松氛围

背　景 __ 最近我和女儿每晚学习读英文童谣。通常我会用点读笔读几遍，然后让孩子跟着读。今晚睡觉前，我和女儿又开始读。

对话回放 __

妈妈： 来吧，我们一起读。

女儿： 太难了！我不读。

妈妈： 那我先读一遍你听听。[自己身体力行最重要。]
　　　　（我自己先读了一遍。）

妈妈： 好了，该你读了。

女儿： 我不会。

妈妈： 你是哪个不会呢？[帮助孩子找到具体的难点。参见第二章"提高'表达力'的'三要三不要'"中对"要客观描述，不要笼统评判"的解读。]

女儿（指着书上的一个单词）：这个我总念不好。

妈妈： 还真是！我今天上班休息的时候，也练习了老半天才会念的。念得我嗓子都哑了。你听是不是？（故意装沙哑声说话）[理解孩子的难处，用幽默轻松的方式化解难题。参见第二章"提高'表达力'的'三要三不要'"中对"要理解指正，不要说教指责"

的解读。]

女儿（被逗乐了）：你上班的时候练习了很久，嗓子都哑了，然后就
会了？

妈妈： 是啊，多练习，你也会读的。你看以前那个 Baa Baa Black
Sheep 的歌谣，咱们就念了几遍，你就会了，早上你还教我来着。
[提醒孩子想起她曾经成功的例子，帮助她找到信心。参见第二
章"提高'表达力'的'三要三不要'"中关于"要积极正面，
不要消极负面"的解读。]

女儿（得意地）：Shoo Fly 我也会！

妈妈： 是啊，Shoo Fly 我都没教你，你听点读笔念几遍，自己就学会了。
（女儿一脸得意，自信满满。）
后来，我们顺利完成了当天的歌谣。让我惊喜的是每一句她都跟
着读了，读完以后，女儿看上去心满意足。[孩子体验到了战胜
困难之后的满足。]

反　思 __ 以前她不愿读，我就放弃了，最多说几句"来嘛，来嘛，
一起读"之类没啥用的话。今天是我第一次尝试把"极简亲子对话"中学
习到的方式用到与她的对话中，结果孩子真是给点阳光就灿烂，鼓励一下
就有惊喜。盼望以后更多阳光灿烂的日子。

解　读 __ 从对话中，我们看到妈妈听到孩子不想读书时，运用所学
到的"要具体描述，不要笼统评判""要理解指正，不要说教指责""要
积极正面，不要消极负面"，以轻松的心态，自己先为孩子做榜样，同时
也理解孩子的难处，举出孩子以前那些成功的例子，激发孩子克服困难的

信心。

下一步 __ 妈妈用假装沙哑的嗓子说话，营造出宽松的学习氛围，孩子在轻松的环境中，才更愿意配合，效率和积极性才会更高。妈妈可以继续沿用这些有趣的方式来吸引孩子，相信这些场景都会成为孩子最温暖的记忆。

对话二：理解孩子的恐惧，鼓励他不断尝试

背　景 __ 老师在学校给女儿安排了一项任务：作值周生去五年级的班里检查卫生，因为要让她自己一个人去，她没敢去，所以老师换别的同学去了。晚上回家，女儿和我聊起这件事。

对话回放 __

女儿： 妈妈，老师今天让我去五一班检查卫生，我实在太害怕了，没敢去。后来老师让别的同学去了。

妈妈： 老师让你去检查卫生，说明老师信任你啊！告诉妈妈，你主要害怕什么呢？［帮助孩子梳理，想清楚自己具体"害怕"什么。］

女儿： 他们都是高年级的大哥哥、大姐姐了，我去检查人家，他们会让我进吗？我说的他们会听吗？还有，我也不知道他们班的打分表在哪里，该找谁去问。所以我没敢去。

妈妈： 哦，你害怕是因为他们是五年级的同学，都比你大，还比你高。［总结孩子所说的，既没有否定她的感受："这有什么好怕的？"也没有空泛地说教："越害怕就越要多锻炼自己，别怕！"参

见第一章中"倾听值测试"第七题和第八题对"总结和确认"的解读。]

女儿： 嗯，你说他们能听我的吗？

妈妈： 妈妈像你这么小的时候也干过这样的事。当时觉得去陌生的班里是挺可怕的事。但妈妈没有办法，还是硬着头皮去检查了，结果走进教室，发现根本没人看我，他们都在忙自己的事，也没人阻拦我。我后来还发现，因为我戴着值周生的袖箍，那些同学觉得我是老师安排来的，见到我甚至还有点儿紧张呢。[把自己的经历分享给孩子，理解孩子的感受。参见第二章"提高'表达力'的'三要三不要'"中对"要理解指正，不要说教指责"的解读。]

女儿： 真的？老师说下周还会安排我去五一班检查。下次，我想试试。

妈妈： 好呀！感受一下，相信自己！

（第二周，女儿回家高兴地告诉我，她壮着胆子去五一班做了检查，事情并没有像她想象的那么可怕，并且一切顺利。）

反　思 __ 每个人都有恐惧的事情，别人认为是恐惧的事情，可能我们觉得无所谓。同样，我们认为害怕的事情，可能别人并不放在心上。我们尝试着共情，当孩子发现被理解之后，就容易放下心中的恐惧，愿意去做尝试了。

解　读 __ 从对话当中看到妈妈对孩子恐惧心理的理解。孩子有四点担心：高年级的同学能让我进去吗？他们能听我的吗？他们班的"打分表"在哪里？找不到"打分表"该问谁？孩子之所以害怕这件事，是因为有太多未知，"未知"会让我们产生恐惧。妈妈先对孩子能做值周生表达了赞赏，然后将抽象的"害怕"转换成具体的事情，并分享自己的亲身经历，这样从心理上减轻了孩子心里的恐惧。

下一步 __ 妈妈可以尝试从下面这些角度，和孩子就这个话题进行更深入的探讨：首先，启发孩子拓展思路：检查卫生不是去挑毛病，也许高年级的班里很干净，期待有人去检查。其次，到了高年级班里不知道该怎么做，想想有什么办法解决这个问题。比如：孩子可以和老师商量，先跟着其他同学一块去检查，看看其他同学是怎么做的。她对未知的事情了解得越多，就越不会害怕了。

另外，妈妈记得孩子在第二周顺利完成任务之后，给予孩子及时的赞赏和肯定。

对话三：当孩子的啦啦队

背　景 __ 儿子学轮滑有一段时间了，现在已经滑得很自如。今天教练教了几个新动作，他总是做不到位。教练指出他做得不好的地方，他一下子就不开心了，后面的课程基本都处于这种情绪中。

但是，回到家里，见到爷爷奶奶，他又高兴地穿上轮滑鞋要给爷爷奶奶表演。

对话回放 __

儿子：我要给爷爷奶奶表演轮滑！

妈妈：好呀！妈妈给你当啦啦队。[既然孩子已经从训练的负面情绪中走出来，愿意主动表演，就抓住时机，给孩子加油鼓劲！]

妈妈：你刚才转身的这个动作，真漂亮！我记得你上星期还不太熟练，练习了几天以后，现在做到教练要求的了！［给孩子具体的、描述性的赞赏。参见第二章中"表达力测试"第四题对"描述性赞赏"的解读。］

儿子：我想试试今天的新动作，但是我做了很多次还是做不好，怎么办？

妈妈：好呀！咱们来试试新动作。今天这个新动作你主要感觉是哪里比较难？［把孩子的畏难情绪化解成一个具体的问题，帮助孩子来解决。］

儿子：我就是左脚不知道怎么转弯。

妈妈：我们想想教练教的要领是什么。

儿子：教练说要稍微往右边并拢。

妈妈：我们按教练教的试一试。

（儿子尝试按照教练教的方法练习了几次，新动作越来越熟悉了。他也很开心！）

反　思 ＿ 孩子上课时，突然陷入沮丧情绪中，我也很烦躁。当时就想让孩子尽快从情绪中出来，快点把动作学会。回到家里，看到他高兴地给爷爷奶奶表演，我就想：学会新动作与孩子对轮滑的兴趣相比，那还是后者更重要。我发现当我放松下来，给孩子当啦啦队的时候，孩子反而愿意去尝试了。

解　读 ＿ 这场对话当中，妈妈抓住了扭转局势的机会，让事情往好的方向发展。这个转机就是：回家之后，孩子兴奋地为爷爷奶奶表演。

妈妈放下了"新动作是不是熟悉"这件事，先和爷爷奶奶一起欣赏孩子的表演，并鼓励他。这样激发了孩子愿意学习的欲望，进而引导他敢于做新的尝试。

下一步 __ 孩子天生有尝试新事物的热情，也有接受新挑战的勇气。从孩子喜欢为爷爷奶奶表演来看，他喜欢展示自己，那么妈妈就做他忠实的观众，更做他不离不弃的啦啦队。在他取得进步时为他喝彩，在他遇到了挑战时为他鼓劲加油。

和孩子一起梳理、细化、分解难题，逐一突破

对话一：帮助孩子梳理难题

背　景 __ 女儿在学习舞蹈，老师最近通知可以参加中国舞的考级了。经过家庭讨论，我们决定报名参加考试。因为平时舞蹈课一周只上一次，学习和练习的时间不够，所以我们决定在家多看教学视频、多练习。

晚上，我们准备练习一个曲目。看完两遍教学视频后，她开始自己跟着音乐练习。

对话回放 __

女儿：不行不行，有好几个动作我都不会！

妈妈：来试试嘛，咱们不会还可以看教学视频。

（女儿跳了一遍，连我这个外行都看出来错误百出。她也有点烦了。）

女儿： 我跳不好，不跳了！

（看着她的样子我好想说："是你要参加考试，说好在家练习的，现在练一次就不练了，说得过去吗？坚持一下，多练习肯定会有进步。你妈可是要花 560 元钱的啊。你考不过去，我的钱就打水漂了啊。"）[这个心理活动很正常。但这么说确实不能解决当下的问题。另外，考试费用也不是孩子所在乎的。] 我深吸了一口气，转念一想：这样说也没用，估计以后更不练了，那钱就真打水漂了。[关键的"转念一想"，及时发现这些念头不能解决问题，只能让事情更糟糕。] 想起在"极简亲子对话"中学到的，接纳孩子的感受，用幽默、游戏的方式来解决冲突。于是，有了主意。

妈妈： 你跳不好，是不是有点烦了？[理解并说出孩子的感受。]

女儿： 嗯！好几个动作我都做不好。

妈妈： 你不是喜欢玩"找不同"的游戏吗？我有个主意，咱们可以边练习边玩游戏！怎么样？[在提供建议的时候用"我有个主意……怎么样"，而没有用"你应该……"。参见第二章中"表达力测试"第三题"忌急于提建议"的解读。]

女儿（兴奋地）：怎么玩呀？

妈妈： 我来给你录像，然后咱们看回放，看看你跳的和教学视频里的有什么地方不同。[对孩子的"错误百出"，用"找不同"的方法来帮助她发现问题。]

（女儿跳了一遍，我们来找不同。）

妈妈： 我发现这里出手的时间不一样。

女儿： 我发现这里脚没张开。

……

妈妈： 头的动作你基本都掌握了，主要有几个手和脚的动作，需要多练习。[把孩子的难题进行梳理，并用积极正面的语言表达出来。用"需要多练习"而不是"做得不好"。参见第二章"提高'表达力'的'三要三不要'"中"要积极正面，不要消极负面"的解读。]

女儿： 妈妈，我再跳一遍。

妈妈： 好呀！咱们再跳一遍，重点练习那几个手的动作，然后明天再练脚的动作。

女儿： 嗯！明天咱们继续"找不同"！

（于是女儿又跳了一遍，动作有了明显的进步。最后，高兴地洗漱睡觉了。）

反　思 ＿ 妈妈不是专业舞蹈老师，但是可以帮助孩子把她遇到的难题进行梳理，找到有哪些动作没做对，把孩子心里的一团乱麻变成要纠正的具体动作，针对这几个动作鼓励孩子多练习。孩子才会有信心。

另外，孩子有畏难情绪的时候，需要努力提醒自己不进入惯性思维，找到适合孩子的激励方式，不同的处理方法，结果会大相径庭。（是的，孩子在遇到困难的时候，需要的是切实的帮助、指导和鼓励。）

解　读 ＿ 妈妈看到孩子错误百出，用"找不同"的方法将枯燥的练习变成好玩的游戏，让孩子自己发现问题，不仅增加了趣味性，还调动起孩子的积极性。更重要的是，把难题通过梳理聚焦到几个具体动作上，缓解了孩子的压力和畏难情绪。

另外，妈妈在孩子想要放弃时，对自己的惯性思维有及时的觉察，并能快速做出调整，帮助孩子愉快地完成练习。

下一步 __ 下次可以尝试将"找不同"的游戏进行优化，比如：先从容易的动作开始，每次只找一个（或者两个）不同，然后针对这一个（或者两个）不同来练习，熟悉了之后，继续再找。因为如果一次找出太多的不同，或者一开始练习的动作太难，孩子容易有挫败感。

这样做一方面对一个难题进行梳理，把一个大困难细分成一个个小困难，从而减轻了孩子面对困难的压力。另一方面，每次战胜一个小困难，都会给孩子带来鼓励，增添她继续战胜困难的勇气。

对话二：帮助孩子细化难题

背 景 __ 女儿是一年级新生，上幼儿园的时候一直没有接触过拼音，也没有上过学前班。（妈妈交代这个背景，说明能理解孩子在后面所遇到的难题。）昨晚陪女儿一起完成拼读作业。开始还比较顺利，但在练习到 xue 这个音节的时候，因为不会读，于是开始哭起来。

对话回放 __

女儿（带着哭腔）：妈妈，这个（xue）我真的不会读。我不想读了！

妈妈： 哦，你是因为不会读，心里难受，对吗？［说出孩子的感受。参
见第二章"提高'表达力'的'三要三不要'"中对"要理解指
正，不要说教指责"的解读。］

女儿： 嗯，我不知道这个应该怎么读，你能帮帮我吗？

妈妈： 好呀！咱们来看看你的语文书吧，也许能在书上找到方法。[教给孩子寻找解决问题的外部资源。]

（我和孩子一起翻看她的语文书。发现课本中用"x-üē—xuē"这样的形式出现时，孩子是会读的，但是当练习上单独出现"xuē"时，她就不会读了。再进一步教她的时候，发现孩子认得声母 x，也认得韵母 üē，只是这个韵母一遇到 j、q、x 要去掉韵母上的两点，孩子就读不出来了。后来，我让她拿起书本找到对应的音节。和她一起对 j-üē—juē、q-üē—quē、x-üē—xuē 进行了指读，经过多次练习后，孩子就能非常顺利地读出来了。）[没有给孩子讲大道理，而是把孩子遇到的困难，分解为一个个具体的、小的环节，不仅能安慰到孩子，也能真正帮助到孩子。]

妈妈： 你对比一下练习题上这个不会读的音节跟语文书上的音节，发现了什么？[用开放性的提问，引导孩子自己找出答案。]

女儿： 妈妈，我知道那个韵母怎么读了，它其实就是 üē，只是小 ü 遇上 j、q、x 要摘掉上面的帽子。我想起来了，老师讲过这个。

妈妈： 对！老师上课讲的你都记起来了。[及时的赞赏。]就是这样的。咱们现在再试试下面几个音节，看看是不是还是像老师说的那样。[用具体的事例激发孩子克服困难的信心。]

（这时候孩子的兴致很高，后面的拼读进行得很顺利。）

妈妈： 妈妈觉得你已经很棒了，之前没有学过拼音，可是你现在都已经会那么多了。[具体描述孩子取得的进步。参见第二章"提高'表达力'的'三要三不要'"中关于"要客观描述，不要笼统评判"

的解读。] 现在你认为困难的部分，确实每个小朋友在接触拼音时，都会觉得比较难，[理解孩子的难处会减轻她的压力。] 咱们多练习，把这几个比较难的学会了，拼音部分就全部掌握啦。以后你看书时，如果再遇到不认识的字，就可以自己用拼音拼出读音，多棒呀！[给孩子一个希望，告诉孩子学完之后带给她的益处。参见第二章"提高'表达力'"的'三要三不要'"中对"要积极正面，不要消极负面"的解读。]

女儿（兴奋地）：嗯！

反　思 __ 起初，我并没有重视孩子学拼音。看见孩子读语文课本的时候非常顺利，我就以为她已经掌握了。但是当她做课外练习发现自己不会的时候，就开始有情绪。这时，我才意识到孩子遇到了难题。不过，最终还是帮助她找到了问题所在。值得高兴的是孩子没有放弃，并且对学习拼音更有信心了。

解　读 __ 妈妈发现孩子在学习拼音时遇到了难处，先理解孩子的处境，然后将孩子遇到的难点进行细化，并且引导孩子自己寻找答案，给孩子积极正面的鼓励，让孩子看到自己的进步，也有信心面对后面的难题！

下一步 __ 孩子本来想要放弃了，却在妈妈的引导和帮助下，通过努力，战胜了这个难题。这次经历能很好地帮助孩子认识到：遇到难题不能轻易放弃。这不是妈妈说教给她的，而是她亲身体验的。如果可能的话，等孩子把所有的拼音学完之后，用提问的方式和孩子来个"复盘"。比如：这些拼音里面，你觉得最难的是哪几个？当时你是怎么把这几个最难的学会的？以后遇到难做的事情（例如，不会写的字），你怎么办？"复盘"可以帮助孩子从一次次的经历中，总结经验，更积极地去面对将来出现的各种情况。

对话三：帮助孩子"化整为零"，分解难题

背　景 __ 女儿四岁开始学钢琴，到现在一直有个小问题，就是遇到新曲子弹不好的时候，就哼哼唧唧要哭。今天下午，她又遇到了一段曲子怎么弹也弹不好。

对话回放 __

女儿： 妈妈，你怎么不管我啊？

妈妈： 怎么了？

（她不说话，突然大哭。）

女儿（断断续续地）：我，我练不好，怎么也弹不好！我不练了！

妈妈： 我们首先要承认，每次练琴多多少少都会遇到点困难，但是我们遇到困难，是应该逃跑还是想办法？ [说教不起作用。参见第二章中"表达力测试"第二题"忌说教"的解读。] 如果你实在觉得弹琴让你不开心，咱们就先把弹琴放一放，现在不学钢琴了。[孩子的诉求并不是不想学钢琴，而是在遇到困难的曲子不会弹的时候，希望妈妈来帮一下，过来"管我"。]

女儿： 不。我要学！我就是怎么也弹不好这个曲子！

（女儿又开始大哭。我找了把椅子坐在她边上，没说什么，刚才

的说教明显没有起作用，我一边等她平静下来，一边想现在该怎么办。）［妈妈意识到说教并不起作用，并积极想办法。其实，当孩子难过的时候，陪伴就是对她最好的支持。］

（看到女儿哭得差不多了，我才开口。）

妈妈： 哭完了，好一点了吗？

女儿： 嗯！妈妈，我就是练不好。

妈妈： 你猜如果钢琴老师拿到一个新曲子，能保证第一次就弹好吗？

女儿： 我不知道。

妈妈： 我猜老师也不一定能弹好。［"钢琴老师都不一定能弹好一个新曲子"，缓解了孩子当下面临的压力。］

女儿（睁大眼睛）：是吗？

妈妈： 新曲子确实不好弹。［理解孩子的感受。］你还记得咱们以前碰到这种情况的时候是怎么处理的？［开放式的提问。］

女儿： 多弹。

妈妈： 太好了！咱们可以试试：先练这个小节，等练熟了，再练下一个小节。

（女儿开始有了继续练琴的动力。一小节、一小节地单独练习。终于把那一小段中比较难的部分弹得流畅了，女儿很开心。）

妈妈： 你看，现在弹得多好呀！这就叫作"熟能生巧"！

反　思 __ 在女儿遇到困难哭哭啼啼的时候，说教真的不起作用，只能让她更加沮丧。如果自己能保持平和的心态，把孩子遇到的难题进行分解，让她体会到小成就，然后她就有信心继续练下去。

解　读 ＿ 说起陪孩子学琴，对大多数琴童妈妈来说都有一部"血泪史"。孩子遇到不会弹的曲子就容易哭闹、放弃。可贵的是这场对话中的琴童妈妈遇到同样的场景，意识到说教不起作用后，耐下心来，帮助孩子释放心里的压力，用"化整为零"的方法，将一个看似"大"的困难，通过分解来一点点化解掉，具体又实用。

下一步 ＿ 在孩子学习新曲目的时候，父母帮助她对困难有一定的心理预期。比如，告诉孩子：将要学的曲目会有一定的难度，难点在哪里，有哪些注意的地方，需要用到什么技巧……这样，孩子对新曲目的学习，就有了必要的心理准备。另外，在这期间多陪伴她，让她感受到不是自己一个人孤身面对困难，而是有父母作为她的帮助者和支持者，共同面对。

引导孩子在挫败中找方法

对话一：理解孩子挫败的情绪

背　景 ＿ 我是一个七岁男孩的妈妈。最近，孩子的情绪在高峰和低谷之间大幅度波动。比如在游戏中，如果成功了就非常高兴满足，如果失败了就会大发脾气，退缩放弃。

晚饭后，儿子拼乐高玩具，这是一架结构有些复杂的飞机。飞机的机身已经拼好，在拼尾翼侧面时，因为用力太大，将好不容易拼好的飞机整个儿弄散架了。反复了几个来回之后，儿子彻底崩溃，看着散落一地的飞机零件发火了。

对话回放 __

儿子（生气地）：妈妈，这也太难拼了，每次安装到这里就散架，之前的也都白拼了！［孩子能很清楚地描述问题。］

妈妈：嗯，妈妈看到了，好不容易快拼好的飞机都散架了。你很生气。
　　［简单回应孩子，说出孩子的感受。参见第一章"提高'倾听值'的'三要三不要'"中对"要简单回应，不要打岔干扰"的解读。］
　　（儿子噘着嘴，气鼓鼓的，眼泪快掉下来了。）
　　［有时候，当我们说出孩子感受的时候，他们看上去会比之前更难过，其实这是在帮助孩子释放情绪，所以不必过分担心。］
　　（我平静地看着儿子，等待他稍微缓和一些。几分钟后……）
　　［妈妈平静的情绪会对孩子产生正面的影响。当孩子在发泄情绪的时候，父母安静地陪伴比任何话语都有力量。］

妈妈：这个确实有些难，用力小了安不上，用力大了就散架了。
　　［具体描述孩子遇到的难题，而不是笼统地说："我理解你。"具体的描述让孩子感受到妈妈确实理解了他。参见第二章"提高'表达力'的'三要三不要'"中对"要客观描述，不要笼统评判"的解读。］

儿子：这也太难了！

妈妈：是有难度，那我们还继续拼吗？
　　［尊重孩子的努力，把"放弃"还是"坚持"的选择权交给孩子，而没有给孩子讲大道理"我们不能轻易放弃……"，或者否定他的感受"这有什么难的？"］
　　（儿子的情绪此时已经缓和多了，擦擦眼泪，点点头。）

儿子： 拼。[当孩子的感受得到理解和接纳，那么他更容易接受挑战。并且这是孩子自己做出要继续拼的选择，所以他会更容易坚持下去。]

妈妈： 这个确实有些不好拼，我觉得需要拿住尾翼，这样再安上去，会好一些，你觉得呢？[在提供建议的时候用"我觉得……会好些"而不是"你应该……"。参见第二章中"表达力测试"第三题"忌急于提建议"的解读。]

儿子： 妈妈能帮我拿住，我来安吗？[孩子能寻求外界的帮助，值得鼓励。]

妈妈： 没问题。[在孩子寻求帮助的时候，义无反顾。]

（最后儿子成功地把飞机拼好了！）

反　思 ＿ 我发现儿子在和同学玩游戏失败的时候，特别容易发火并且放弃。（父母观察孩子发生的变化，以帮助自己更了解他们。）所以这次看到儿子玩乐高又遇到同样的情况，我就尽量做到耐心、平静地理解他的感受，然后鼓励他把事情做完。如果情绪和状态实在不好，那就先停下来，等一等再继续。（是的，在事情发生之前，及时找到应对的方式。孩子有好的情绪，才更容易有好的行为。）

结合我自身的经历，特别能理解孩子的心情。我最近在学开车。孩子爸爸很耐心地陪我练车。开车对他来说是太简单的事情，但是对我来说就是一道难以逾越的障碍。所以我能体会到：我们大人觉得很简单的事情，对孩子来说却很难，我们要承认个体差异，要给孩子慢慢练习的时间，如果大人在旁边特别严厉或没耐心，缺少鼓励，孩子是很容易放弃的。

比如：第一次倒车入库，我彻底被孩子爸爸说蒙了，一会儿左边一会儿右边，最后都不知道要如何打方向盘了，我最终放弃了。他后来坐在车里给我讲具体应该如何打方向，然后亲自演示，最后一次我按照他教的方法，慢慢倒进去了。大人都如此，更何况是孩子，遇到不会的事情就只有学习正确的方法并多练习。（妈妈有这样自我觉察很宝贵。通过自己的亲身经历，更能理解孩子的感受。）

很多时候，只有父母体会并醒悟到了，才会真心地理解孩子当下的情境。（大道至简，这种觉察和反思可以帮助我们理解到：我们每遇到一件事情，就不要让它白白经历，从中汲取经验教训，举一反三，触类旁通。那么我们的学习才是高效的！）

解　读 ＿ 失败容易让人产生挫败感，无论对成人还是孩子来说都一样。尤其对孩子来说，每次失败都会影响他对自己价值的认知。

在这场对话当中，我们看到了孩子经常遇到的一个场景：做游戏或者玩玩具第一次没有成功，尝试几次仍然失败后，就开始生气，情绪爆发。这时候如果做父母的能运用第二章所学习到的"理解孩子的感受""不去说教或者拒绝孩子的感受"，那么孩子的情绪就相对容易平息下来。

对话中的妈妈，灵活运用了"说出孩子的感受""给孩子选择""有效提建议"的方法。孩子感受到父母的理解，就愿意继续坚持下去。

更宝贵的是，妈妈能从自己学车的经历中体会到：一件事情对一个人很容易，对另外一个人可能很难。因为每个人的天赋不一样，掌握新技能的时间也不一样。妈妈体会到初学者的不容易，对孩子也多了一份理解。

下一步 __ 妈妈可以继续观察孩子，当孩子在几次失败之后，能继续坚持把事情做完，就及时给予鼓励和赞赏。"我看到你刚才好几次都没有做好，最后还是想办法做好了！"当妈妈肯定并认可孩子的努力，也就给了孩子重新认知自己的机会。如果孩子经过努力，并没有成功，仍然可以赞赏孩子："我看到你很努力地在练习。"妈妈把孩子的关注点从"达到目标的成就感"转移到"付出努力的满足感"，这样孩子会更有勇气面对挫折。

对话二：找到孩子挫败的原因

背　景 __ 女儿最近在上音乐课时东张西望，不配合老师的指导。今天上课的时候，她还是如此。（可以分析是什么原因导致孩子上课有这样的表现，是因为她对音乐课没兴趣了？不喜欢老师？有外界吸引？身体太疲倦了？还是最近学习的内容太难了……找到原因，才好对症下药。）

对话回放 __

女儿：妈妈，你和我一起来唱。[同样，妈妈可以分析：孩子邀请妈妈
　　　　一起唱，是什么目的？希望有熟悉的人陪伴？最近学习的内容太
　　　　难了，想有人在身边鼓励她？还是太容易了，感觉枯燥？]

妈妈：你自己可以的，宝贝，妈妈就在边上看着你呢。
　　　　（女儿有点不高兴。）

妈妈（生气地）：你快去好好上课！

    （女儿觉察到我的情绪变化，没说话，继续上课。课上女儿各种不配合，老师让做动作也不做，让拿乐器也不拿，让表演也不表演。）

妈妈：你不上台表演，都没有机会让人看到了。［孩子当下并不在乎是否"有机会让人看到"。］

    （女儿不说话，一副满不在乎的样子。）

妈妈：你是不是不想上课？［这句问话无论孩子回答"是"或者"不是"，都容易让双方陷入僵局中。］

女儿（点点头）：嗯！

妈妈（生气地）：那咱们走吧！［孩子说出心里话，妈妈反倒生气要走。］

    （于是我转身离开了教室，女儿在后面大哭着跟了出来。）

妈妈：你明明可以做到，为什么不做？你这样，只会一事无成！以后你都没机会上音乐课了！［这时候威胁不起作用。参见第一章"表达力测试"中第六题"忌威胁"的解读。］

    （女儿又哭起来，我们一家三口很不愉快地回家。）

    （晚上临睡前，我和她聊了一会儿悄悄话。）［这个方法好。把白天发生的事情做梳理，说不定有些疙瘩就解开了。］

妈妈：宝贝，和妈妈说说今天上音乐课是咋回事儿呀？

女儿：我想让妈妈和我一起上台。

妈妈：是你上音乐课，妈妈上去干什么呀？［如果改为"你想让妈妈上台陪你，那妈妈能为你做什么呢"，是不是更好？］

女儿：老师教的新歌我不会，我要妈妈一起和我学。［孩子说出了原因：

在学习新歌曲的时候遇到了困难。她想到的解决方法是让妈妈上台陪她一起学，并不是孩子不想学，也不是她不想办法，只是她想出的办法在成人眼里不一定可行。]

妈妈：你不会就更应该专心学呀。你东张西望的，就更学不会了！［这时候批评和说教并不能帮助到孩子。参见第二章"提高'表达力'的'三要三不要'"中对"要理解指正，不要说教指责"的解读。]

女儿：不和你说了。我要睡觉！

（临睡前的悄悄话时间，我和女儿就这样不欢而散了。）

反　思__ 这次生气主要是因为看到女儿上课不专心，一副满不在乎，好像自己什么都会的样子。晚上她告诉我不会唱新歌，既然不会就更应该专心呀，叫我和她一起上台管什么用啊。我真的理解不了孩子是怎么想的！

解　读__ 在这场对话中，妈妈白天看到孩子上课不专心的样子，心里着急。晚上想利用悄悄话的方式来了解孩子的内心。能看出来妈妈在努力理解孩子。

回顾这场对话，就会发现一个关键点：当孩子说出"老师新教的歌曲我不会，我要妈妈一起陪我学"的时候，孩子已经告诉妈妈无法专心学习的原因（不会唱新歌），并且也在积极想办法（妈妈陪我）。可惜，妈妈当时只专注在孩子不专心上课这个外在行为，而没有理解孩子行为背后的原因，所以也就错过了这个关键点。如果妈妈这时候先理解孩子的感受，然后和孩子一起探讨：如何学会唱新歌。例如："哦，我也发现了这首新歌不太容易学呢！这样好不好：我上网把这首歌找出来，妈妈在家陪你一起学。多练几遍应该就能学会了！"当孩子感受到被支持、被鼓励，就愿意配合了。

下一步 __ 虽然妈妈和女儿的悄悄话以不欢而散告终，但是仍然有补救的机会。妈妈可以找到合适的时间，继续和女儿聊一聊这个话题。孩子提出的"妈妈陪我一起学"，或许也是其中一个帮助她学习新歌曲的方法。有熟悉的人在身边，能减轻孩子心里的压力。

也可以和孩子一起打开思路，想出更多的办法。"你还能想到哪些方法，学会这首歌？"比如，"咱们把老师教的过程用手机录下来，这样回到家里就可以照着练了。"再比如，"如果上课的时候，老师不让妈妈上去和孩子一起学，那咱们回家以后，妈妈陪你一起练，你来当小老师教妈妈，怎么样？"……总之，通过具体的方式来帮助孩子理解，办法总比困难多。

对话三：引导孩子在挫败中反思学习找办法

背　景 __ 晚上陪一年级的儿子写拼音作业。儿子看到自己写的字母不好看，很沮丧，生气地噘着嘴，使劲用橡皮擦掉。

对话回放 __

妈妈：字写不好，你觉得不满意，就老想擦掉重写，对吗？［理解并说出孩子的感受。］

儿子（点点头）：嗯。

妈妈: 妈妈像你这么大的时候字也写不好。[用自己的经历传递给孩子一个信息:初学时字写得不好是可以接受的。]

儿子(有了说话的欲望)**:** 我同桌就写得又快又好。

妈妈: 那你该怎么办呢?[用提问的方式,引导孩子把对同桌的羡慕,转移到当下去寻找方法。]

儿子(表情坚定)**:** 那我就多练,写得多多的,就写好了。

妈妈: 妈妈相信你一定会越写越好的![及时的赞赏和鼓励。妈妈的信任让孩子更相信自己。]

儿子: 妈妈,这个 h 我总写不好。

妈妈: 你发现擦掉的这几个字母有什么共同点?[引导孩子对问题进行定位。]

儿子: 都有竖。我写竖的时候,容易往右边歪。

妈妈: 对了!那怎么办呢?[引导孩子自己想解决办法,而不直接告诉他答案。]

儿子: 我下次写竖的时候,直着下来,不往右边歪。

妈妈: 对了!

(儿子开始安静地写拼音,最后写完,自己又加写了一遍。)

反　思 __ 之前遇到孩子的这种情况,我总喜欢讲大道理,很啰唆,还没有效果。这次我用学习到的方法(理解孩子的感受、赞赏鼓励、引导孩子自己想办法)来帮助孩子,还真看到了成效。我要继续加油!

解　读 __ 妈妈先说出孩子的感受,然后用自己的经历告诉孩子:刚开始学写字时，写不好很正常。没有说教，而是引导孩子想办法怎么才能把字写好（参见第二章"提高'表达力'的'三要三不要'"中对"要理解指正，不要说教指责"的解读。）。最后，及时赞赏孩子。这些都是对孩子最大的鼓励和支持。

下一步 __ 在接下来辅导孩子作业的时候，帮助他把关注点放在自己写得好的地方。比如，"这个 x 写得很匀称，b 大小正合适。"对于还需要练习的字母，可以鼓励他，"这个 o 写得再圆一些，就更好了。"（参见第二章"提高'表达力'的'三要三不要'"中对"要积极正面，不要消极负面"的解读。）最重要的是相信孩子，相信他有能力写好，这是传递给孩子最有效的信息。

温馨提示

当孩子遇到困难需要建立自信时……

✓ 理解孩子所遇到的难处。在成人眼里是小困难，对孩子来说就像是不可逾越的大山。

✓ 帮助孩子梳理他们现在遇到了哪些具体的困难，给他们带来哪些感受。

✓ 对困难进行细化，分解成一个个的小环节，逐一突破。

✓ 当孩子完成了一个小突破，给予及时的、具体的赞赏。

✓ 提醒孩子那些做得好的地方，不去强化没有做好的地方。

✓ 提醒孩子曾经成功克服困难的经历。

✓ 用有趣的方式，营造轻松的氛围，以减轻孩子的压力。

✓ 分享自己的经历，帮助孩子看到：畏难情绪人人都会有。

✓ 父母将孩子的关注点从"完成结果之后的成就感"转移到"付出努力的满足感"。认可孩子的努力，而不只是结果，会使他们更自信。

✓ 找到孩子挫败的原因，引导他们自己找解决办法。

✓ 每天花时间，真诚地赞赏孩子所做的事情。赞美孩子取得的点点滴滴的进步。

实操训练记录

记录最近一次在帮助孩子建立自信的时候，你是如何做的？

时　　间：　　　　　　　　　　　　地　　点：

背　　景：　　　　　　　　　　　　孩子遇到的挑战：

你是如何回应的：

自我评估效果如何：

孩子的感受如何：

处理过程中，有哪些新的发现：

处理过程中，遇到了哪些挑战：

有哪些具体做法来面对这个挑战：

下次发生同样情况的时候，如何做得更好：

第七章

培养自律：让孩子善用
时间完成该做的事情

自律是什么？简单来说，自律就是能很好地自我控制，做事有节制而不放任自己。或者说是善用时间做该做的事情，生活有秩序，做事有效率。

关于自律，有个非常精辟的说法——自律的人是自由的。世界著名的哲学家、思想家康德曾说过，"自由不是想做什么就做什么，而是不想做什么的时候，可以不做什么。"

引导孩子从小学会自律，听上去像是要给孩子很多要求和限制，其实父母真正教会孩子自律，才是给了孩子更大的自由。

对于孩子来说，自律包括：日常生活有规律、有秩序；按时做好自己分内的事情，而不需要别人监督；不受他人和情绪的影响，做事有节制。

在这一章里，我们就来一起聊一聊如何培养孩子自律的话题。

请先回顾并记录一下，平时在培养孩子自律方面，自己是怎么做的？

1. 观察并写下孩子通常在什么事情上，"自律"对他们是个挑战。

例如：

✓ 在玩游戏或者看电视的时候，停不下来。

✓ 早上不愿起床，晚上不肯睡觉。

✓ 不能自觉完成学习任务。

其他：

2. 观察并写下孩子通常在"自律"遇到挑战时的表现是什么。

例如：

✓ 磨磨蹭蹭，延长时间。

✓ 讨价还价或者找借口逃避。

✓ 哭闹或者大喊大叫。

其他：

3. 通常孩子在"自律"方面遇到挑战的时候, 你是怎么处理的?

例如:

✓ 讲道理: 自己的事情自己做, 不能总让父母监督。

✓ 放任: 反正说了他也不听, 就这样吧。

✓ 一起和孩子商讨, 帮助他找到自律的方法。

　　其他:

按时做事, 让生活更有秩序

对话一: 设立目标, 付诸具体的行动

　　背　景 ＿ 每天为了让女儿多睡会儿, 我都会比较晚才叫她起床, 碍于孩子的"起床气"很大, 再加上她本来做事就比较慢, 为了节约时间, 我从穿衣到洗漱全权包揽了她起床后的各种事情, 结果每次到幼儿园还是最后几名。

　　今天我想要改变这种局面, 就在前一天晚上和孩子约好要早起, 争取做班里前十名到校的小朋友。我们提前把第二天要穿的衣服准备好, 上好闹钟。(妈妈做出改变的决心, 并且有具体的行动。)

对话回放 ___

妈妈： 宝贝醒一醒，五分钟后起床了。[提前五分钟叫醒孩子，给她起床一个缓冲的时间。]

（我亲吻女儿，女儿开始咯咯地笑。）[用特别的方式把孩子叫醒，用温情开启美好的一天。]

妈妈： 昨晚咱俩约定要做前十名到校的小朋友。早到的小朋友能喝上热乎乎的粥，吃完早饭还有时间玩一会儿玩具呢！[从孩子的角度说出这样做给她带来的益处，她会更配合。参见第二章"提高'表达力'的'三要三不要'"中对于"要积极正面，不要消极负面"的解读。]

女儿： 是的。

（女儿说完立刻坐起来。从穿衣服、上厕所，到刷牙、洗脸都完成得非常顺畅。我和女儿一同进行，她的速度甚至比我还要快一些。）

妈妈： 咦，宝贝好快！

（女儿做完这些就坐在沙发上，等着我。我继续引导她。）

妈妈： 想一想出门前还有什么事情要做？[用开放性的提问来引导孩子，而不是直接告诉孩子。]

女儿： 还要穿袜子，穿鞋？

妈妈： 对呀！

（女儿开心地穿上袜子和鞋。我们高高兴兴地出门，从容地到了幼儿园，还受到老师的表扬。舒心的一天开始了。）

反　思＿ 我们希望孩子不磨蹭，就要先从自己身上找原因。我反思自己，平时没有给孩子做出好榜样，经常磨蹭到最后一分钟才匆匆忙忙出门。自我检讨后，从每天按时送孩子上幼儿园开始做出改变。

解　读＿ 从这场简短的对话中，我们来看看妈妈都做了哪些改变。

首先，在设定了"早到幼儿园"的目标之后，充分做好前期准备工作（定好闹钟，把第二天穿的衣服提前放好）。其次，提前五分钟用亲吻孩子的方式叫醒女儿，让孩子有好的心情开始新的一天。接下来，提醒孩子前一天的约定，从孩子的角度说出早到幼儿园的好处。最后，当孩子动作迅速没有磨蹭的时候，给予及时的赞赏，还不忘记用开放性提问让孩子去思考，而不是命令。

最重要的是妈妈能反思自己，而不是一味想改变孩子。

下一步＿ 过一段时间以后，可以和孩子一起对这段经历做总结。例如："你发现早到幼儿园有啥好处呀？""咱们这几天都能早到幼儿园，你是怎么做到的？"……当孩子尝到早到幼儿园的甜头之后，她会越来越愿意和妈妈配合。

对话二：执行约定，让哭闹不起作用

背　景＿ 儿子喜欢晚睡，睡前经常因为要"再玩一个游戏"而讨价还价，甚至哭闹。上周刚和儿子约好，每天争取九点半上床睡觉。今晚是执行约定的第一天。

晚上和儿子玩游戏，在接近尾声的时候，我提醒他该洗澡了，但是儿子坚持要再玩一个手工游戏。

对话回放 __

儿子: 妈妈，我还想玩手工，我们分头行动，我去拿纸，你去拿剪刀，好吗？

妈妈: 记得咱们今天九点半上床睡觉哦！如果再玩手工，就只有十五分钟的时间。[提醒孩子之前的约定，并明确告诉孩子还能玩多长时间。]

儿子: 玩三十分钟吧！

妈妈: 我知道你还想玩，但是，咱们说好的今天九点半上床。[理解孩子继续想玩的心情，同时再次提醒之前的约定。参见第二章"提高'表达力'的'三要三不要'"中对于"要理解指正，不要说教指责"的解读。]

儿子: 要不二十分钟吧！[孩子是天生的谈判专家，妈妈要守住底线。]

妈妈: 时间已经不早了。

儿子: 我不要嘛。

（开始花式哭腔。）

妈妈（淡定）：你现在已经浪费三分钟手工时间了！[妈妈的淡定给孩子传递一个信号：哭闹不会起作用。]

（儿子继续哭，雷声大雨点小，还拖长音。）[第一天执行计划，他在试探妈妈的底线。]

妈妈: 浪费了两分钟啦。[描述事实]你哭的时间越长，咱们手工时间就越短了。

（儿子哭了一会儿，可能觉得哭闹不起作用。）

儿子（假装爬不起来）：我爬不起来，你能帮帮我吗？［孩子给自己找台阶。］

妈妈：好嘞！［那就给他台阶。］

　　（我拉起儿子，继续玩了十分钟手工，儿子愉快地洗澡去了。最后 21:35 上床睡觉。）

反　思 __ 第一天执行早睡的计划，虽然比预期晚了五分钟，但是比之前已经提前了很多。当孩子讨价还价、大哭大闹的时候，确实很容易压不住自己的火。以前每次遇到这种情况，我都会训斥孩子，结果就是花更长的时间来哄他。这次忍住火气，尽量平静地和他描述事实。当他发现哭闹没有用之后，也就比较愿意配合了。

解　读 __ 当父母和孩子在时间方面有冲突的时候，孩子最擅长的方式就是谈判。当孩子在谈判不成功，继而开始哭闹的时候，妈妈能保持淡定，不为所动，并且描述事实，从孩子的利益出发让他明白：哭闹不仅不起作用，反而会让自己受损（玩的时间被缩短）。

万事开头难，调整孩子上床睡觉的时间，需要一个过程。妈妈继续坚守约定，孩子会慢慢适应的。

下一步 __ 三岁半的孩子对时间还没有概念，与其说"再玩十五分钟"不如告诉他，"墙上钟表的长针指到这个位置的时候，咱们就该洗澡去了。"或者给孩子一个沙漏，告诉他，"这里面的沙子都漏完，咱们就该洗澡了。"给出孩子具体的、他能理解的时间概念，那么孩子心里会对"截止时间"有更清楚的认识。

对话三：用有趣而富于创意的方式养成好习惯

背　景 __ 为了帮助孩子做事更有效，养成不拖沓的好习惯，我和女儿约好从每天的快速穿衣开始做起。执行约定的第一天穿衣用了三分钟，这个用时就作为每次穿衣时间的参考标准。为了能让女儿坚持，我又和她商定：她用日记的形式记录自己每天早晨的穿衣用时，并记下她当天的心情或者对自己的评价。不会写的字用拼音代替。（用有趣方式来养成好习惯。）

从开始执行，到今天已经第八天了。女儿对这样的记录形式依然保持着热情。每天记录完后，她还会面带表情地给我读。字迹虽然很稚嫩，但很可爱。（孩子不光做记录跟踪，还表演出来。这样有创意的方式让"养成习惯"不枯燥乏味。）

她每天这样记录天气：晴天时，就画个微笑的小太阳，在太阳上方写上"太阳公公"。下雪的天气，她画片小雪花，写"小毛毛雪"。[让记录成为一种乐趣。]

2019 年 11 月 4 日　太阳公公
今天我和妈妈说，我最多用三分钟，最后我快了半分钟，只用了两分半钟。我跟妈妈说我做到了。妈妈夸我，我很开心。[这种记录还能帮助孩子表达自己的情绪，让我们了解孩子的感受，一举多得！]

2019 年 11 月 5 日　小毛毛雪
今天我没有完成快速穿衣，我用了七分钟，因为我和妈妈闹小脾气，和她嚷嚷着把平板电脑打开，妈妈没同意。

2019 年 11 月 6 日　阴天

我今天的穿衣时间是五分钟，比昨天快了两分钟。

2019 年 11 月 7 日　晴天

我今天用了五分钟，和昨天一模一样。

这几天女儿和我分享日记，让我得以从新的视角来了解她的世界。她也会选择一种积极的方式鼓励自己。

反　思 __ 在"极简亲子对话"的学习小组里，看到了"共情"这个词，听上去有些生涩，但是运用之后，却真切体会到它带给我们的实实在在的喜悦。以前总想着能让孩子快速养成一系列的好习惯，现在感觉到让孩子脚踏实地地迈出第一步，才能离成功更近。

好习惯在于坚持，希望我们可以一直这样分享下去。在她收获好习惯的同时，我们也能收获更多的亲子时光。

解　读 __ 妈妈用有趣又有创意的方式来帮助孩子养成一个好习惯，结果收获的不仅仅是好习惯，更是孩子的自信和亲子之间的温情。在记录的字里行间，孩子看到自己点点滴滴的进步，这种自信是她内在对自己的认可和肯定，而不是妈妈简单的一句"你真棒"所能代替的。

下一步 __ 如果可能，妈妈可以在女儿的日记后面，写上自己的想法和感受，然后把这份亲子日记完好地保存下来，作为孩子的成长记录。以后这些都是母女之间最温暖的回忆。

在培养习惯方面，真的是欲速则不达，循序渐进才是好方法。到一段时间之后，我们会惊喜地发现孩子的进步一点都不慢！

主动做事，摆脱被动监督

对话一： 用积极的语言鼓励孩子，把老师的投诉进行"过滤"
　　　　　和"翻译"

背　景 __女儿上小学三年级，一直有拖拉磨蹭的习惯。放学回家不能集中精力写作业，经常边玩边写。我说她，她不乐意听，捂耳朵、做鬼脸、顶嘴、大叫。作业有时写到半夜十一点。

今天接到老师发来的信息说，下午在学校做卷子，有的同学十五分钟写完了，而她东张西望用了三十分钟还没写完。这已经是第二次在学校没有完成卷子了。

对话回放 __

妈妈： 我今天收到老师发来的信息，老师让我给你念一下。

（女儿沉默。）

妈妈： 咱们在学校为什么不能写完卷子？有什么想法告诉妈妈，妈妈也不批评你，出现了问题，咱们及时改正就行。[尽量用"你觉得是什么原因没写完卷子"代替"为什么"。参见第二章中"表达力测试"第七题"忌追问'为什么'"的解读。]

（女儿仍然沉默。）[如果孩子暂时找不到原因，那么父母可以启发：你觉得是因为题太难了，还是做题没意思，不想写……]

妈妈： 你别不说话呀！在学校写不完卷子，回家写作业磨磨蹭蹭，没写完作业还要看课外书，书包也不提前整理……（此处省略说教1000字。）[妈妈的心情可以理解，但这些数落只能激化双方的情绪。参见第二章中"提高'表达力'的'三要三不要'"中对"要理解指正，不要说教指责"的解读。]

（她不爱听，开始"啊啊"地大叫。我生气地走开了。）

反　思 __ 我和女儿每天就是这样因为写作业而产生各种争吵。说实话，在家里我很少表扬她，我知道自己也有做得不对的地方。像这样老师找家长告状，我真的表扬不出来。

解　读 __ 接到老师的"投诉"，确实会让做父母的不知道如何是好。在回家和孩子沟通的时候，需要三思而行。老师对孩子的评价，特别是负面评价，父母可以尝试学习做"过滤"和"翻译"，不是简单地照老师的要求去做。我们当然理解老师面对的是一个班三四十个孩子，不可能针对每个孩子，想出最适合的沟通方法，但是父母只面对自己的孩子，也最了解自己的孩子。在这个场景下，如果把老师的话语翻译成："老师希望你做卷子的时候能快一点，这样你做完就可以痛痛快快去玩了。"或者："老师说，如果你抓紧时间写，也能像其他同学一样很快就交卷子。"会不会更好呢？（参见第二章中"提高'表达力'的'三要三不要'"中对"要积极正面，不要消极负面"的解读。）

下一步 __ 如果孩子在学校得不到老师的表扬，在家里也得不到父母的鼓励，那孩子就很容易破罐破摔，孩子会想："反正你们已经这样看我了，我再做努力也没啥用。"

父母可以在孩子情绪比较好的时候，和她聊一聊："妈妈今天接到老师电话，说你的卷子没有答完，妈妈想知道是什么原因没有写完，看看妈妈能怎么帮你？我们一起定个目标，今天的作业，你打算多长时间写完？"

如果孩子按照既定时间写完，或者比前几天提前完成了，就及时给予她鼓励，"今天比预计的时间提前了五分钟。咱们继续努力！"

对话二：赞赏孩子的自律，不被"可是"打折扣

背　景＿ 今天下班回家，放假在家的儿子看到我回来很开心。

对话回放＿

儿子：妈妈，我把钢琴都练完了。

妈妈：好呀！其他任务完成得怎么样了？［孩子兴奋地向妈妈汇报好消息，被妈妈把话题转移到"其他任务"上。］

儿子（开始不那么兴奋了）：我还读了几页书。

妈妈：你练完钢琴挺好的，可是，你早上不是还说要读四十页书吗？怎么只读了几页呀？［孩子期待得到妈妈的赞赏，一句"可是"变成了责备。］

儿子：因为我中午睡了一大觉，起来就四点多了。我还纠结是先练琴还是先读书，后来我还是选择先练琴了。

妈妈：你主动练琴挺好的，可是，也不能只做这两件事，剩下的就不做了呀？［又一个"可是"。］

儿子（很沮丧）：我不和你说话了！

反　思＿ 回到家里，儿子本来挺高兴，可是经过这番对话，变得很沮丧。我也没有想明白到底是怎么回事。我在赞赏他呀，怎么没有起到作

用呢?

解　读 __ 孩子在假期能主动弹琴、看书,都是自律的具体表现。从对话的开始,我们能看出,他希望得到妈妈的肯定和鼓励,妈妈确实也赞赏了孩子。

同时,如果留意的话,妈妈的每一句赞赏后面都跟着一个"可是"。赞赏的话只有寥寥几句,"可是"后面的话却不少。可见,并不是赞赏不起作用,而是被后面一个个的"可是"淹没和抵消掉了。

下一步 __ 我们常常习惯在赞赏后面再找到些问题,然后对孩子提出更高的要求。如果赞赏还没有成为我们的自动反应,那么可以每天抽时间来有意识地练习。比如:每天睡前,想一想这一天孩子有哪些具体的事情值得赞赏的,并且刻意不说"可是""但是""只不过",只单单地赞赏,相信会有不一样的效果!

对话三:把"收玩具"变成有趣的亲子活动

背　景 __ 晚上下班回家,女儿在玩滑梯,客厅地上散落了不少彩虹球。家人过来过去,很容易踩上去滑倒。以往,我会直接命令孩子收拾起来,或者直接替孩子做了。今天,我想换一种方式。

对话回放 __

妈妈: 呀,彩虹球还有一些没回家哦,快送你的好朋友回家吧。

女儿: 哦。

　　(她没有任何行动,继续玩滑梯。)

妈妈：呜呜呜，好饿啊，小妞你带我们出来玩，没送我们回去啊，我们肚子都饿扁了。

（女儿听到这，就去捡地上的彩虹球，并把它们放回玩具箱，因为地上的彩虹球散落在各个角落，女儿捡了一会儿就有点儿不耐烦了。）

妈妈：彩虹球们，集合啦，集合啦，集合回家啦！

女儿：彩虹球都不听话，他们不集合！

妈妈：我是黑猫警长，听到报案，有彩虹球听到命令不集合，白猫警长请侦查情况向我报告。[用游戏的方式，让枯燥的过程变得有趣，期间随时观察孩子的变化。]

女儿：我是白猫警长，正在召集彩虹球赶紧集合！

妈妈：赶紧集合，明天再一起出来玩啦！

女儿：收到！收到！

（就这样我和女儿很快把彩虹球收到玩具箱里。女儿还朝玩具箱送上一个象征性的飞吻，然后高兴地玩滑梯去了。）

反　思 __ 之前因为孩子收拾玩具的事情，总是有冲突。我用命令、说教的方式，孩子仍然无动于衷。今天借助游戏，发现效果好多了。有父母参与带动，小朋友更有积极性。

解　读 __ 非常温暖有趣的对话场景，如果简单地用命令、说教来让孩子做事情，容易让她产生厌烦心理。而妈妈用游戏的方式，让收拾玩具变成一件有趣的事情，并且妈妈还根据情况的变化，切换到不同的游戏人物当中，把"收玩具"变成了有意思的亲子活动。

下一步 __ 关于收拾玩具，妈妈可以尽量帮助孩子养成好习惯：结束一个游戏之后，先把玩具收拾好，再开始下一个游戏。例如：彩虹球不玩了，先把它们收拾回玩具箱，然后再玩滑梯。否则让孩子回过头来再收拾上一个游戏的东西，他们通常不太愿意去做。

提供选择，让孩子承担选择的后果

对话一：温和而坚定的态度

背 景 __ 孩子放暑假后，在家里的作息时间也就不那么严格了，晚上睡觉时间延后了很多。

昨晚看完一集动画片，时间就不早了。我催促儿子去洗澡，他边洗边玩儿，完全忘记了时间。提醒他两次后仍然没有改变。

对话回放 __

妈妈：儿子，我现在设定十五分钟闹钟，如果你能在十五分钟之内洗完，我们就还有睡前故事时间。不然，睡前故事时间就没有了。[清楚地给孩子选择，并告知不同选择所对应的后果。]

（儿子点点头，表示同意。我随后离开卫生间，期间有好几次想进去提醒他，但还是忍住了。）

（十五分钟到了，闹钟响起，儿子没有任何反应。闹钟响了很长时间，他才拖拖拉拉从卫生间出来。）

儿子： 妈妈，我要听故事！［看来孩子没把之前的选择当回事。］

妈妈： 对不起，今天没有故事了！［这时候父母坚定的态度很重要。］

儿子： 啊！不行！我就要听故事！［孩子常常会试探父母是否真正执行约定。］

妈妈： 因为你选择了超过十五分钟才出来。［没有长篇大论的说教，简短说出孩子的选择带来的后果。］

儿子： 不行！不行！我不听故事就睡不着觉，我睡不着觉晚上还会做噩梦！［"苦情"也是孩子常用的手法哦！］

（开始委屈，眼泪也快掉下来了）

妈妈： 哎呀，妈妈想让你听故事，可是你选择了超过十五分钟才出来，我也很为你感到难过。［妈妈也向儿子表达一下"苦情"。］

儿子（委屈地）**：** 可是我还是想听故事啊！

妈妈： 怎么做明天才能听到故事呀？［提问孩子，而不直接给答案。］

儿子： 明天早点儿洗完澡。

妈妈： 对啦！明天咱们闹钟一响就出来。［把孩子说的"早点儿"转化为具体的"闹钟一响就出来"。参见第二章"提高'表达力'的'三要三不要'"中对"要客观描述，不要笼统评判"的解读。］你不用担心，故事不会逃跑，它只是安静地在那儿等着你呢，现在睡觉好不好？［坚持今天的原则，同时给孩子引一条出路。］

儿子： 我要把窗帘拉开一些，我想看着外面的天空睡觉。［孩子在给自己找台阶。］

妈妈： 可以啊，这个主意不错，外面的小星星还可以给你唱摇篮曲呢，你肯定睡得香，也不会做噩梦了！［妈妈就给孩子一个台阶。］

反　思 ＿ 因为现在有意训练儿子完成分内的事情，所以他的事我都不再伸手帮忙，但是，随之而来的就是各种拖拉。我心里知道训练孩子的确有个过程，不能着急。同时，训练孩子也锻炼父母的耐心，以及如何在整个过程中坚持"温和而坚定的态度"。

　　解　读 ＿ 从这场对话中，我们看到孩子从选择到承受选择后果的过程。妈妈在表达的时候没有说教，而是温和坚定地强调：因为这是你的选择，所以需要接受这样的后果。同时，告诉孩子：你仍然有下一次做"另外选择"的机会，那么就会得到"另外选择"所带来的好处。让孩子知道要为自己的选择负责，同时，即使他做错了选择，也还会有再次选择的机会。

　　下一步 ＿ 在帮助孩子建立时间观念的时候，可以找机会和孩子一起讨论：如果这件事情能快点做，可以得到哪些益处。比如：可以听更多的故事、可以不用听妈妈唠叨……让孩子自己找到这样做带来的好处，那么他会更愿意去做。

对话二：提供有诚意的选择

　　背　景 ＿ 我们一家三口在外地旅行。一天晚上，儿子洗完澡很兴奋，玩到很晚都不肯睡觉。在酒店的床上跳来跳去。爸爸让儿子睡觉，说了好几遍，儿子都不听，爸爸有些不耐烦了。（及时意识到家人的情绪，对问题进行较早的预警。）

　　对话回放 ＿

　　爸爸（生气地）：儿子，赶紧睡觉！

妈妈（对爸爸）：你先歇会儿，我来和儿子说。[觉察到爸爸当下的情绪不适合与孩子沟通，这样可以避免不必要的冲突。]

妈妈：我知道你其实很累了，但是又想玩儿，对吧？[与孩子共情，说出孩子矛盾的心理。参见第二章"提高'表达力'的'三要三不要'"中对"要理解指正，不要说教指责"的解读。]

儿子：嗯！

妈妈：那怎么办呢？儿子，你来选择最后是玩五分钟还是十分钟，好吗？
[给孩子选择，而不是强制要求。]

儿子：我选十分钟！

妈妈：好的。爸爸帮忙上十分钟闹钟。时间一到，我们就要睡觉啦！
（儿子尽情地玩了十分钟。闹钟响了。）

妈妈：好了，时间到！现在是睡觉时间，安静，我们谁也不许说话了。
[当满足孩子的条件时，按照既定的规则来执行。]
（儿子躺下来，但又开始在床上翻来翻去折腾，我和爸爸都忍住没有出声，儿子继续躺着动来动去，最后不到五分钟，他就睡着了。）

反　思 __ 听了"极简亲子对话"的课程很受用。我发现给孩子一定的自由选择空间，同时又要遵守与孩子的约定，孩子通常还是很愿意配合的。

在一开始儿子选择了十分钟的时候，我真想劝他"要不就五分钟吧"，但是马上想到了，既然让孩子选择，就要接受孩子的选择，这样才有诚意。

后来，儿子在床上翻来翻去的时候，我和爸爸真想再说他几句。但最终还是忍住了，结果，儿子反倒很快入睡了。如果当时没忍住，估计儿子入睡的时间还要继续往后延。我真是体会到了"小不忍则乱大谋"。

解　读＿妈妈在一开始觉察到爸爸不耐烦的情绪之后，主动来处理，而没有让爸爸出面，因为爸爸的状态并不适合与孩子沟通。妈妈并没有用指责的方式来强制孩子，而是先理解孩子矛盾的心情，再给孩子提供一个合理的选择，当孩子选择了较长的时间，妈妈能欣然同意，孩子体会到父母给出的选择是有诚意的，那么孩子后来也会更愿意用诚意来兑现自己的承诺。

下一步＿第二天起来，记得及时给孩子赞赏。"你说话算数，时间一到就不再玩了。这就叫'说到做到'！""你昨晚做得很好，十分钟以后就关灯睡觉了。今天我们继续坚持啊！"

对话三：通过"谈判"，达成共识

背　景＿我是个急脾气的人，强调做事要高效。从儿子上幼儿园开始，我就给他灌输时间观念，但偏偏事与愿违，他做什么事都不慌不忙。所以，经常早上上学迟到、作业完不成、白天做不完的事情拖到夜里才做。这两天，我再一次（已经无数次了）下定决心，要和他达成一致，先从早晨按时出门上学做起！

对话回放 __

妈妈： 儿子，咱们能不能做个说到做到的人？［从积极正面的方向来开
    启与孩子的对话，而不是从指责开始。参见第二章"提高'表达力'
    的'三要三不要'"中对"要积极正面，不要消极负面"的解读。］

儿子（很随意）：能啊！

妈妈： 那咱们就从早晨准时出门做起，好吗？［从具体事情开始进行
    改变。］

儿子（仍然很随意）：好啊！

妈妈： 我想先听你说说准时出门的好处是什么？［启发孩子说出"做
    改变"带给他的好处是什么，而不是说教，或者直接告诉孩子
    答案。］

儿子： 准时出门就不会迟到，不挨老师批评，还能吃上早饭。［看来孩
    子清楚地知道这样做的益处是什么，只是自己做不到，他需要我
    们的帮助。］

妈妈： 你说得很好啊！对妈妈来说，准时出门路上就不用慌慌张张地赶
    时间，开车更安全。［和孩子分享这样做对妈妈也是有好处的，
    这是件双赢的事情。］我希望你这次能说到做到。

儿子： 我有个条件，早上 7:15 之前能做好早饭，我能准时吃上饭。以
    前就有过 7:20 还没做好早饭的情况。

妈妈： 成交！我答应。［用开放的心态接受孩子提出的合理要求。因为
    改变是双方的，而不是父母单方面要求孩子。］

儿子： 请妈妈帮忙上一个 7:30 的提醒闹铃，提示还有 5 分钟就要出门。

妈妈： 绝对没有问题！

（整个对话过程心平气和，虽然有点谈判的架势，但绝非剑拔弩张弥漫着不和谐的气氛。经过几轮讨价还价，最终，我俩击掌达成一致：儿子早上 7:35 之前出门。妈妈会在 7:15 前把早饭做好，并且在 7:30 的时候提醒儿子。执行情况：第一天早上 7:35 出门，第二天早上 7:30 出门。这两天我们不再为早上出门而争吵了。）

反　思 __ 以前我们总是因为孩子拖沓发生冲突，但一直停留在"我说我的，他做他的"的状态，没有实质性的改变。这次对话让我们在友好的气氛中，找到各自要做的改变，制定了规则，并且取得了初步的胜利！

解　读 __ 妈妈在帮助儿子克服做事拖沓的问题时，以"早上按时出门上学"这个具体的事情作为切入点。并且在和儿子"讨价还价"过程中，既能坚持自己的原则，还能用开放的心态接受儿子提出的合理条件。

下一步 __ 当孩子每次能按照约定完成任务时，记得给孩子及时、具体的鼓励和赞赏，让孩子感受到父母的肯定。"我们已经坚持两天都按时出门，不迟到了！""你真做到了说话算数！""这两天早上咱们不再争吵了，妈妈很开心！"

温馨提示

当孩子在自律方面遇到挑战时……

✓ 给孩子解释自律给他带来的好处。

✓ 父母自己做一个自律的人，为孩子做好榜样。

✓ 用游戏、幽默、有趣的方式来帮助孩子养成好的生活习惯。

✓ 帮助孩子分析他不喜欢做这件事情的原因是什么。

✓ 设立一个小的目标，鼓励孩子去达到。

✓ 把老师的投诉做"过滤"和"翻译"，从积极方面鼓励和帮助孩子。

✓ 给孩子有诚意的选择，并接受孩子的选择。

✓ 当孩子信守了他的承诺，按时有效地完成了任务，有规律地生活，
  父母给予及时的、具体的赞赏。

✓ 真诚地赞赏孩子，不让赞赏被"可是"打折扣。

✓ 坚持温和而坚定的态度，让孩子承担选择的后果。

✓ 当孩子讨价还价，用平和的心"谈判"，与孩子达成共识。

实操训练记录

记录最近一次在帮助孩子应对自律方面的挑战时，你是如何做的。

时　　间:　　　　　　　　　　地　　点:

背　　景:　　　　　　　　　　孩子面临的挑战:

你是如何回应的:

自我评估效果如何:

孩子的感受如何:

处理过程中，有哪些新的发现:

处理过程中，遇到了哪些挑战:

有哪些具体做法来面对这个挑战:

下次同样情况发生的时候，如何做得更好:

第八章_____

学会感恩：引导孩子细数、欣赏、感谢自己所拥有的

关于感恩的警句格言有很多，"一个人的快乐，不是因为他拥有的多，而是因为他计较的少。""嫉妒的人想要更多，却得到的少；感恩的人为自己已经有的感谢，却得到更多 。"中国人也常说"知足常乐"。

英文当中有句常用语"count your blessings"，翻译过来就是"细数你得到的祝福"。2017 年底，我们组织了一场"count your blessings"的团建活动，让学员们制作一份"感恩清单"，把这一年生活中值得感恩的事情都列出来，列的内容越多越好。有趣的是，大部分学员在最开始的时候，只是随机地列出几条，之后就放下笔，需要花时间去想。但是，在随后的时间里，他们开始越写越多，甚至时间到了，都停不下笔来。在分享环节中，一位学员谈道，如果是列"抱怨清单"可能会更容易，因为生活中很容易抱怨，而"感恩清单"却需要细细地去想。但是，一旦

开了头，就发现需要感恩的事情真的很多。

感恩就是细数、欣赏和感谢我们所拥有的一切，不管大事儿、小事儿，无论顺境、逆境，都有颗知足常乐的心。培养孩子学会感恩，将来在面对艰难时刻，他们才能以乐观、积极的态度，看到生命的美丽。

所以，这一章我们将探讨如何培养孩子为已经拥有的感恩，为生活的点点滴滴感恩，以及在困境中仍然感恩。

请先回顾并记录，平时在培养孩子感恩方面，自己是怎么做的。

1. 观察并写下通常在什么事情上，孩子认为"感恩"对他们是个挑战。

例如：

✓ 父母没有满足他要求的时候。

✓ 事情没有按照他的期望进行时。

✓ 当看到其他小朋友做得比他好的时候。

其他：

2. 观察并写下孩子通常在"感恩"方面遇到挑战时的表现是什么。

例如：

✓ 不断向父母提要求。

✓ 抱怨、发牢骚。

✓ 嫉妒别人比自己好。

其他：

3. 通常孩子在"感恩"方面遇到挑战时，你是怎么处理的？

例如：

✓ 满足孩子提出的要求。

✓ 批评孩子不懂感恩。

✓ 身体力行，自己经常表达感恩之心。

其他：

感恩拥有的，不抱怨没有的

对话一： 把"同学有我没有"的抱怨，转化为"用已经有的来创造"

背　景 __ 儿子喜欢乐高，从三岁开始玩最大块的乐高，到现在能用最小的乐高积木块拼出各种造型来。因为儿子玩乐高的时候很专注，玩一个小时都不会烦，我们觉得这对他专注力的培养很有好处，另外还能培养孩子的动手能力和创造能力，所以我们给他买了很多款式的乐高，玩具箱里都已经盛不下了。

最近，他看到同学有一款新的能拼成体育场的乐高，也想让我们给他买。

对话回放 __

儿子： 爸爸，你给我买乐高。我们同学的乐高能拼出一个体育场，我特别喜欢！

爸爸： 哦，是吗？能拼出体育场来，应该很漂亮！[先理解孩子的心情。参见第二章"提高'表达力'的'三要三不要'"中对"要理解指正，不要说教指责"的解读。]

儿子： 但是我没有能拼成体育场的乐高。

爸爸： 我有个主意。你翻一翻玩具箱里的乐高，看看你现在都有什么款式。
（儿子拿来他的玩具箱，开始翻起来。）

儿子： 有飞机、轮船、学校……

爸爸： 你的乐高玩具是不是已经很多了？

儿子： 可是，我还是想要一个能拼成体育场的。同学都有，我没有。

爸爸： 我想出一个办法，咱们可以自己设计建造一个体育场。

儿子： 怎么弄啊？

爸爸： 咱们用现有的零碎小块来拼。你来设计，我来帮你画图，然后咱们一块儿来拼。

儿子： 好吧！

（儿子开始设计，爸爸根据儿子的设计画出了图纸，期间还根据现有的材料进行了几次修改，最后一起拼成了一个体育场，有四层座位，还有主席台、田径场。儿子非常开心。）

爸爸： 你看咱们没有现成的体育场积木，但是，用现有的这些积木拼出了一个特别的体育场，世界上独一无二的！以后，你还想拼什么？
[启发孩子不看自己没有的，细数自己已经有的，并用现有的创造出更多。]

儿子： 我们还可以拼花园、拼游泳馆……

反　思__ 有人说，女人的衣柜里总是少一件衣服。其实，孩子也一样，他们的玩具箱里总会缺一个玩具。孩子容易盯着别人手中的玩具，而不看自己已经有的。这次和孩子一起拼乐高，儿子很开心。所以，我体会到父母不必一味地满足孩子对玩具的欲望，带领孩子用双手来制作，会有更多的乐趣！

解　读__ 这场对话让我们看到一位循循善诱的爸爸，把儿子对"同学有我没有"的抱怨，转化为"用已经有的来创造"。能看出，在儿子与爸爸一起创造的过程中，爸爸引导孩子把眼光放在自己已经有的东西，培养孩子知足常乐的心，孩子也一定体会到了与以往不同的快乐！

下一步 __ 爸爸可以趁热打铁，帮助孩子继续将这个方式延续下去，将孩子已经有的玩具不断"变形"成其他玩具。甚至可以找些家里的废弃物，自己制作玩具，变废为宝，孩子会有更多的惊喜！

对话二：感恩我们拥有的天分

背　景 __ 女儿这几天从幼儿园回来，总爱提起一个叫阳阳的小朋友。她羡慕阳阳有漂亮的衣服，做青蛙跳总能得第一，还经常被老师夸奖。

对话回放 __

女儿： 妈妈，我想变得和阳阳一样。

妈妈： 哦？阳阳是什么样呀？［没有用"你是你，她是她"来反驳孩子的说法，而是进一步了解详情。参见第一章"倾听值测试"第五题的解读。即使不同意孩子所说的，我们还是不要急于反驳，先听孩子说完。］

女儿： 阳阳今天青蛙跳又得了第一名。我也想得第一，可是我没她跳得快。老师今天还夸她吃饭又快又好。阳阳什么都好，我不如她好。

妈妈（搂住女儿）：哦，因为阳阳青蛙跳得第一，吃饭又好。你也想和她一样跳得快，吃得好。

女儿： 嗯。

妈妈： 那我们先想想，你有哪些做得特别好的地方？［用开放性的提问，将话题从别的小朋友转移到孩子自己身上，值得注意的是，妈妈没有说"你有哪些比阳阳做得好的地方"，如果那样，就掉进了"比较"的陷阱。参见第二章中"表达力测试"第五题"忌比较"的解读。]

女儿：不知道。

妈妈：我先说，你的手指灵活，上次剪的窗花还贴在你们教室的窗户上呢！你协调性也很好，学新疆舞动脖子，你练了几次就会了。

女儿（眼睛发出亮光）：嗯，我还会涂色，都没有涂出边框。

妈妈：对呀！上次妈妈生病，你给妈妈端水。

女儿：我还会给奶奶捶背。

妈妈：对呀！你还会……

（对话一直进行着，女儿不再想阳阳的事儿了。）

反　思 __ 当一听到女儿羡慕小朋友的才能，也想变成和小朋友一样时，我想到了在"极简亲子对话"课堂上提到的"每个孩子都是独一无二的"，他们有不同的天赋，我们不必去羡慕别人的才华。当我说出孩子具备的能力时，发现孩子身上真的有很多闪光的地方。

解　读 __ 在这场对话中，妈妈引导孩子学会欣赏他人和接纳自己，不去和别人比较，也不必羡慕别人，将孩子的眼光从小朋友那里，转到自己身上，找到自己的天赋，为自己所拥有的这些天赋和能力感恩。同时，当妈妈挖掘出孩子的这些闪光之处时，孩子也会变得更加自信。

下一步 __ 接下来可以和孩子常常细数自己所拥有的。有可能的话，让孩子画出来，或者孩子说，妈妈帮她写下来。"我有明亮的眼睛可以看见""我有耳朵可以听见""我有灵巧的双手可以折纸"……这个过程都是在培养孩子感恩的心，这些资料留下来也是孩子成长的见证。

另外，如果孩子在提及小朋友比自己强的时候，也可以教他们学习欣赏彼此的不同，"她跳得快，你剪得好。你们都有自己的强项"。

对话三：为生活变化所带来的新体验感恩

背　景 __ 因为工作调动的原因，我和孩子爸爸都没有办法接孩子放学回家，需要让奶奶接儿子坐公交车回家。晚上，我们在一起和孩子商讨这件事情。

对话回放 __

妈妈： 儿子，从下个月开始，爸爸妈妈就不能接你回家了，因为你放学的时候，爸爸妈妈还在上班。

儿子： 那谁来接我呀？

奶奶： 奶奶接你。奶奶坐 52 路公交车接你回家。

妈妈： 儿子，咱们想想坐公交车有什么不一样的地方？［开放性的提问。］我先说，公交车上空间大，可以走动。［引导孩子看到事情好的一面。］

儿子：公交车窗户大，能看到外面很多东西。

妈妈：对！还有呢？

儿子：在公交车上，可以和奶奶聊天。

奶奶：坐公交车还能省钱！

（就这样，我们很快达成了共识。）

反　思＿我很感恩奶奶能在我们遇到困难的时候，毫无怨言地帮助我们接孩子。一开始有些担心儿子攀比其他同学坐私家车上下学。通过这次对话，孩子欣然接受了坐公交车回家，而不去和别人作比较。我也很感恩！

解　读＿有人说，幸福无关乎你总是能得到你想要的，而是你热爱自己所拥有的，并且为此感恩。妈妈很有智慧地引导孩子看到坐公交车回家的好处，为生活变化所带来的新体验感恩，从反思中也能感受到妈妈对奶奶的感恩，对孩子的感恩。"感恩自己所拥有的"，包括对人、对事、对自己所处的环境。

下一步＿爸爸妈妈可以在和孩子聊天的时候，以坐公交为话题。"今天在公交车上看到了什么有趣的事情？""看到了什么有趣的人？""在公交车上和奶奶聊什么了？"……总之，可以让"公交车上的见闻"成为你们亲子对话的内容之一。

为生活的点点滴滴感恩

对话一： 为每天发生的小事儿感恩

背　景 __ 最近参加"极简亲子对话"的学习，要完成一项作业：和孩子一起练习为身边的小事儿感恩。周末的晚上，我想和儿子一起聊起了这个话题。

对话回放 __

妈妈： 最近妈妈在参加一个父母学习课程，要完成一项作业，需要你来帮忙。[先卖关子，特别是"帮忙"一词，引起孩子的好奇和兴趣。]

儿子（好奇地）：什么作业呀？还要我帮忙。

妈妈： 需要和你一起写下这周都有什么人、什么事情要感谢的。

儿子： 你先说吧，我得想想。

妈妈（边说边写）：感谢姥姥为咱们做早饭，让我们每天都吃得好。[具体描述值得感恩的细节。参见第二章"提高'表达力'的'三要三不要'"中对"要客观描述，不要笼统评判"的解读。]

儿子： 嗯，我最爱吃姥姥早上做的阳春面。

妈妈： 我还感谢儿子昨晚给我讲《西游记》的故事，里面很多原创的情节。

儿子： 我感谢妈妈听我讲故事，我怕你不爱听呢！今天还接着给你讲。

妈妈： 感谢爸爸提醒我吃药，让我的感冒早点儿好。

儿子： 我感谢爸爸出差回来给我买飞机模型。

......

（就这样，我和儿子你一句我一句，写了很多，作业很快完成了。）

妈妈： 好了，已经足够多了！最后谢谢儿子帮助我完成作业。完美收官！

反　思 __ 当和孩子一起完成这项作业时，生活中的很多细节就像放电影一样，让人心里温暖。特别是听到孩子分享他感恩的事情，可以看出他很开心。为每天发生的小事儿感恩，让我和孩子的关系更亲密。

解　读 __ 母子一起完成作业，对孩子来说是很特别的经历。妈妈从自身开始，表达在小事儿上对家人的感谢，并且描述得很具体。甚至在对话的最后，都是以"感谢"来结束的。让孩子感受到"感恩"不是一个抽象的词语，而是在细小的事情上表达对别人的感谢。

下一步 __ 这份特殊的作业很宝贵，不妨把它分享给家人，念给奶奶、爸爸听，当面表达对他们的感谢。另外，还可以把这项作业延续下去，定期邀请奶奶、爸爸一起参与，让感恩成为一种家庭文化，深入到每位家人的血脉里，就像家族基因一样，一代一代传承下去。

对话二：用具体的描述，表达对他人的感恩

背　景 __ 最近参加"培养孩子感恩之心"的训练，我准备从对家人的感恩开始练习。昨天下班回家，婆婆已经做好了饭，一家人一起吃晚饭。

对话回放 __

妈妈： 奶奶今天晚上炖的汤，真好喝啊！[用简单的"好喝"开启对家人的肯定和赞美。]

儿子： 嗯，好喝！

奶奶（高兴地）**：** 好喝就多喝啊！

妈妈： 儿子，你看看奶奶炖的汤里面都有什么呀？[启发孩子用具体的描述来表达对奶奶的感谢！参见第二章"提高'表达力'的'三要三不要'"中对"要客观描述，不要笼统评判"的解读。]

儿子： 有白菜！

奶奶： 我用白菜炖的汤，老叶子炖汤了，嫩的留着蘸酱吃。

妈妈： 儿子，你说奶奶是不是特别会想办法？

儿子： 是呀！

妈妈： 你再看看汤里还有什么？

儿子： 还放虾米了！

奶奶： 是呀！虾米有营养。

妈妈： 那我们对奶奶说什么呀？

儿子： 谢谢奶奶！

妈妈： 除了谢谢奶奶做的汤，你还能想起谢谢奶奶什么呢？

儿子： 谢谢奶奶做的肉，香香的。

妈妈： 谢谢奶奶炒的青菜，绿绿的。

儿子：谢谢奶奶蒸的馒头，软软的。

……

（我和儿子你一言我一语地说着，奶奶的脸上乐开了花。）

反　思＿平时，我们很少当着孩子奶奶的面，表达对她的感谢。但是，在这次尝试中，我发现当我们感谢奶奶的时候，奶奶特别高兴。只要认真观察生活，随时感恩家人，家庭氛围就能越来越好。

解　读＿读这场对话，我们仿佛看到一幅三代人同堂共进晚餐的温馨画面。妈妈先从对奶奶的肯定和赞赏开始，引导和启发孩子表达对奶奶辛苦付出的感谢。相信奶奶的心里一定非常温暖。

对话中，妈妈用具体的描述来表达对奶奶的感谢，这样让奶奶感受他们的真诚。

下一步＿妈妈可以在家里继续沿用这种形式，不光在饭桌上，在玩游戏的时候，在睡觉前，对家人进行这种"具体、描述性"的感谢。比如在睡觉前，问孩子"今天你有哪些事情要感谢爸爸（或者妈妈、奶奶）的"，培养孩子凡事感恩。

对话三：感恩身边的一草一木

背　景＿秋天来了，特别适合带孩子外出活动。周末我带孩子去植物园欣赏秋天的美景。

对话回放 ___

妈妈： 儿子，我们一起来说说，这里的叶子都有什么颜色？［开放性的
提问方式。］

儿子： 有黄色、红色，还有绿色。

妈妈： 哦，还真是！你再看看地上的叶子长得有什么不一样的？

儿子： 有长的、圆的，还有椭圆的。

妈妈： 嗯，这些树叶颜色不一样，形状也不一样。我们在这棵银杏树下，
找找有没有一模一样的两片叶子。

（我和儿子在树下找了十多分钟。儿子找到两片形状很接近的
树叶。）

儿子： 这两片树叶很像，但还是有一点点不一样。

妈妈： 你看即使同一棵树的树叶，都没有重样的！是不是很神奇？［从
小小的树叶中，引导孩子学会对这个世界的感知，看到这个世界
的神奇和伟大。］

儿子： 嗯！

儿子： 树叶落下来，都枯干了，接下来会怎样？

妈妈： 这是个好问题！你说怎么样呢？［把问题抛给孩子。］

儿子： 树叶就被土吃啦！

妈妈： 对啦！树叶落在地上，就被土吃了，变成肥料。肥料被树吃了，
第二年春天树又发芽长出新叶子。就这样，树一年年长大了。

儿子： 我也长大了！

妈妈： 对呀！

反　思 ＿ 平时忙碌的生活，很容易让我们忽略司空见惯的事物，很少去感知它们。这次带孩子观察叶子的时候，真是感叹大自然的神奇和美妙。

解　读 ＿ 谈到美景，我们容易想到名山大川，其实，在我们身边，只要有一双善于发现的眼睛，总能找到惊喜。妈妈带孩子领略大自然的美景，引导孩子为身边的一花一草感恩。相信孩子收获的不仅仅是一次亲子游玩，更有对生活的感知，对美的欣赏。

下一步 ＿ 妈妈可以继续带领孩子观察和感知大自然，比如花的味道、鸟的叫声、云的形状……甚至我们生命都离不开的空气、阳光和水，这些免费的东西，都值得我们感恩。哪怕是在雾霾的日子里，我们也要记得为曾经蓝天白云、空气清新的时光感恩。

在困境和失误中学习感恩

对话一： 困境让我们有机会学习和反思

背　景 ＿ 上个月，儿子生病住了两个星期医院，现在已经回家，身体还在恢复中。回顾这段时间，一家人在情感、心理上像坐过山车一样，经历了很多起伏。今天终于能安静下来，完成"在困境和失败中学习感恩"的作业，写一写在这次困境中的所思所想。

经过孩子这次生病，我引出了一些自己的收获：

1. 我认识到孩子的健康才是最重要的,学习成绩和表现都是其次。平时太过强调孩子的学习,而忽略了他的健康。

2. 在孩子住院期间,我的情绪经常不稳定,但是家人对我理解和包容让我度过了最艰难的时刻。

3. 在医院里看到从外地来北京看病的隔壁病友,目睹他们的艰难,很感恩生活在北京能享受这么好的医疗条件。

4. 儿子把玩具和零食分享给隔壁病友,为他能这样做而感恩。

5. 看到儿童医院里的医生和护士一天从早忙到晚,面对大大小小孩子的各种哭闹,感恩他们的辛苦付出。

6. 感恩学校老师的关心和鼓励,每天询问儿子的情况。

7. 感恩儿子的同学,发来笑话逗他开心,亲自安慰他。

8. 感恩我的同事,这段时间帮助我分担了很多工作。想起平时工作中的摩擦,都是鸡毛蒜皮的小事儿。

9. 感恩那位保洁大姐,每次路过病房的时候,总是微笑着和我打招呼。

……

反　思 ＿ 孩子生病曾让我们家陷入困境。但是,当我今天写下这些困境中的收获时,心里充满了感恩。对家人、医务人员、身边的同事、学校的老师和同学、陌生人,以及我生活的城市和环境,都有了不同的认识和感受。

解　读 ＿ 妈妈在经历了孩子生病住院的困境之后,写下这么多收获,甚至记下了陌生人的微笑这样的细节。困境让我们有机会学习和反思，看到、感受到我们在忙碌中或者顺境中忽略掉的人、事、物。

下一步 ___ 有可能的话，把这份作业读给孩子听，相信这次住院，对孩子来说也是很特别的经历。不妨听一听，从孩子的角度，他在困境中学习和收获了什么。

对话二：细数在困境中值得感恩的人和事儿

背　景 ___ 参加"极简亲子对话"的课程已经有 2 个月了，最近学习的主题是"细数在困境中值得感恩的人和事儿"。晚上，我召集老公和儿子，一起来做这个练习。他们都特别配合。

对话回放 ___

妈妈： 你们陪我完成一项练习，说一说在遇到困难的时候，要感谢的人和事儿。谁先来说？

爸爸： 我先说。上周我去上海出差，结账的时候，把身份证落在了酒店前台，快到机场才发现，当时特别着急，后来酒店派人给我送过来。我感谢酒店的工作人员。以后，结账的时候，我也要记得检查一下东西。

妈妈： 我们部门最近工作特别忙，同事们都在公司加班。但是，主管知道我晚上需要回家照顾孩子，允许我按时下班，把工作带回家来完成。我感谢他能照顾我。

儿子： 我生病难受时，感谢妈妈陪伴我。

爸爸： 上次奶奶半夜突然生病，我们叫不到车去医院，对门邻居送咱们去的医院，心里一直挺感谢人家的。

妈妈： 我有时候手里拎很多东西，楼里的保安会帮助我拿东西，送到电梯口。

儿子： 我有一次没有带语文书，同桌借我一块儿看。

……

（就这样，我们想起在各种大大小小的困境中帮助过我们的人，就像过电影一样，一幕一幕，心里充满温暖。）

反 思 __ 刚开始准备完成这个练习的时候，并没有觉得有什么特别的。但是，当真正开始听爸爸和儿子分享时，他们所描述的场景、人物，都好像历历在目，感受到爱就在我们身边流淌。我准备定期做这个练习，让我常常能对在困境中帮助我的人，心怀感恩。

解 读 __ 妈妈召集爸爸和儿子一起来做这个练习，回忆困境中曾得到过的帮助。这个过程非常宝贵，困境中的焦虑、担心、各种不方便都是暂时的，这些人和事带给我们的却是长久的温暖。

下一步 __ 妈妈可以把家人的分享用文字记录下来，作为日后美好的回忆，还可以对分享中提到的人（酒店工作人员、单位的部门主管、邻居、保安、同学），用打电话、寄卡片、送礼物的形式，向他们正式表达感谢。让爱流动起来。

对话三：即使别人有失误，也有可感恩的地方

背　景 __ 最近完成"极简亲子对话"课程关于感恩的作业，我选择了最有挑战性的一道题——即使别人有失误，也有可感恩的地方。我邀请儿子、女儿一起完成这项家庭作业。

对话回放 __

妈妈：谢谢两个宝贝愿意和我一起完成这项作业。今天的作业很有挑战。

儿子（兴奋地）：妈妈，我就喜欢有挑战！

女儿（有些疑惑）：什么挑战呀？

妈妈：说一说，遇到过什么事情，别人做错了，但还是有可以感谢的地方。

儿子：都做错了，还有什么好感谢的？

妈妈：对呀！所以说"有挑战"呀！我来先说。

妈妈：有一次爸爸开车送我去火车站，他走错路了，结果到了以后没赶
　　　　上车。但我还是谢谢爸爸开车送我去火车站。

儿子（想了想）：哦，我明白了。我也能说说。昨天妈妈鸡蛋炒煳了，
　　　　但是我还是感谢妈妈给我做饭。

妈妈：嗯！我以后争取炒出好吃的鸡蛋！

女儿（受到启发）：我也想到一件事儿。上次思思来咱们家，把我最喜
　　　　欢的布娃娃弄脏了，我挺伤心的。但是，我还是谢谢她陪我玩儿。

妈妈：哇，还真是。你上次生病的时候，思思经常陪你玩。

儿子：我还想到一件事儿。上次栋栋把我的飞机模型弄丢了，但我没有

生他的气，因为他不是故意的。我还谢谢他，他有新玩具总是让
我先玩。

......

（这项作业不太容易，但是，我还是感恩两个孩子陪我一起完成
了。）

反　思＿开始时，我一提到别人做错的事儿，最容易想到的就是指责、
抱怨。要从中想到值得感恩的地方，想到对方为我们的付出，还真要有意
识地去练习。这次带领儿子和女儿一起完成作业，原以为孩子们不能理解
这道题，结果我发现孩子比我更容易原谅别人的失误，看到可以感谢的地
方，我要向孩子们学习。

解　读＿这道题的确有难度。因为当别人失误的时候，我们容易全
盘否定他所做的，忘记感谢他的付出。相信两个孩子通过和妈妈一起完成
作业，对"如何看待别人的失误，如何在别人失误的时候仍然感恩"会有
更深的体会。当我们用这样的心态来对待做事失误的朋友，就更能谅解、
安慰和帮助他们。

下一步＿妈妈可以找机会就这个话题和两个孩子继续探讨：当自己
做事失误的时候，心里是什么感受，最希望听到什么样安慰的话，最希望
得到什么样的帮助。然后学习用这些话、这些方法去安慰、帮助做错事的人。

温馨提示

当孩子在感恩方面遇到挑战时……

✓ 记感恩日记：写下在学校、家里及其他地方值得感恩的人和事。

✓ 引导孩子写下自己有哪些天分才能，为这些天分才能感恩。

✓ 每过一段时间，总结孩子取得的进步，引导孩子对这些进步感恩。

✓ 鼓励孩子送礼物给他所感恩的人。

✓ 鼓励孩子发信息、打电话、写卡片对帮助过他的人表达感谢。

✓ 引导孩子询问他所感恩的人希望他能为他们做些什么。

✓ 启发孩子在闲暇的时候，欣赏大自然中让我们感恩的事物。

✓ 引导孩子分享一件曾经经历的不顺利的事情，从中找到值得感恩的
　　地方。

✓ 回忆一段痛苦的经历，思考从中收获了什么。

✓ 回忆自己经历过的那些幸运的事情。

实操训练记录

1. 在接下来的时间，你将引导孩子在哪方面培养感恩？

✓ 为自己已经拥有的感恩（看见的、看不见的）。

✓ 为小事儿感恩。

✓ 在困境中感恩。

其他：

2. 引导孩子写下对家人感恩的事情。

✓ 奶奶给我们做饭。

✓ 爸爸送我上学。

✓ 妈妈辅导我写作业。

其他：

3. 引导孩子写下对老师和同学感恩的事情。

✓ 我不会做题的时候，老师帮助我。

✓ 体育课上，我跑得慢，同学们为我加油。

✓ 我忘记带尺子，同桌借给我。

其他：

4. 引导孩子为自己的进步感恩。

✓ 我有好的身体，我最近又长高了。

✓ 我学会了轮滑。

✓ 我喜欢数学，我数学题做得很快。

其他：

5. 记感恩日记

日期	有哪些值得感恩的人、事、物？	你是如何表达感恩的？

用法篇

爱是感恩和包容

融洽家庭关系的沟通课

———————

我们总说要感恩，却常忘记对家人说谢谢。

我们总说要包容，却免不了常对家人苛求。

家人更需要感恩和包容，因为家是——

生命开始的地方，爱永不止息之处。

第九章

感恩每一位家人付出的爱

相信每位家人都清楚地记得孩子刚出生的时候，给整个家庭带来多少欢乐。姥姥姥爷疼、爷爷奶奶爱，大家都有一个共同的目标和使命，就是竭尽全力把孩子养育好。

但随着孩子渐渐长大，我们的家庭开始不知不觉注入了不和谐的音符。妈妈说："专家讲了，孩子秋天不能捂着。"奶奶却不同意："都听专家的，这孩子都不知道该怎么养了！"爸爸希望儿子周末有更多的时间出去玩耍，妈妈却反对："别人家孩子都在学，你就知道每天带孩子疯玩。"有时候，因为孩子起床穿几件衣服，也会让一家人争吵不休……

隔代教养产生的冲突、夫妻之间在教育孩子上的矛盾，困扰着很多家庭。因此，我们在本篇中就重点学习和讨论关于和家人的"听"与"说"。

我们先来回顾，在你的家里，因为孩子而产生冲突的情况是怎样的。

1. 观察并写下通常什么情况下家人容易因为孩子而产生冲突。

例如：

✓ 在管教孩子问题上，爸爸妈妈觉得老人溺爱孩子。

✓ 在孩子学习方面（比如是否上课外班），家人观点不一致。

✓ 在孩子生活方面（比如吃饭、穿衣等），意见不合。

其他：

2. 观察并写下孩子在家人冲突时的表现是什么。

例如：

✓ 不知所措、闷闷不乐。

✓ 在不同的家人面前表现不一样。

✓ 害怕、哭闹。

其他：

3. 通常家人因为孩子而产生冲突的时候，你是怎么处理的？

例如：

✓ 和对方讲道理，直到说服他。

✓ 沉默，不与对方直接冲突，但是仍然坚持自己的想法。

✓ 另外找机会和对方单独沟通。

其他：

不必尝试改变家人，效果最有说服力

对话一：邀请老人参与孩子的游戏

背　景 __ 今天是周末，吃完饭公公婆婆带着孩子去公园玩。回来的时候，儿子嘟着嘴不高兴。孩子爷爷也是一脸不高兴地向我告状，说儿子到了儿童乐园就赖着不走。儿子满脸委屈地扑过来。

对话回放 __

儿子： 妈妈，爷爷不让我坐碰碰车！

爷爷： 奶奶陪他坐了一次"太空漫步"都吓得不行了，哪还受得了碰碰车！

妈妈： 儿子，原来你想玩碰碰车，没玩上，不开心了？［理解并说出孩子的感受。参见第二章"提高'表达力'的'三要三不要'"中对"要理解指正，不要说教指责"的解读。］

儿子： 是啊！我一点儿都不害怕，特别好玩！

奶奶： 你们平时总带着他玩这么刺激的项目，他哪会害怕？

妈妈（面向儿子）**：** 碰碰车和太空漫步是你跟爸爸才能玩的秘密游戏啊！你看今天奶奶玩了太空漫步都很害怕了，你不想让奶奶再害怕一次吧？［这时候，妈妈既没有被奶奶的思路带走，又很好地共情了奶奶。］

儿子： 可我就是想玩碰碰车啊。

妈妈： 好啊！

（说着我就假装一辆碰碰车用屁股来撞他！儿子眼睛一亮，也撞了我一下。）

儿子： 爷爷奶奶一起来玩！我们假装碰碰车来撞人吧！

（于是爷爷奶奶也一下子被感染了，在旁边笑得合不拢嘴，四个人一起疯玩了一会儿。玩过了真人版的碰碰车，我们又把玩具火车、玩具飞机拿出来，玩碰碰火车、碰碰飞机，儿子很快就玩得忘乎所以，爷爷奶奶也非常开心！）

反　思＿以前，我会时不时地因为孩子的教养问题，和爷爷奶奶有小的冲突。但是今天我用游戏的方式来疏导孩子的情绪，得到了爷爷奶奶的配合和认可，我决定拉上二位老人一起学习！

解　读＿这场对话中，我们看到妈妈既没有给老人讲大道理，也没有和老人发生正面冲突，而是邀请他们加入到游戏中，体验"游戏解决法"，用实际行动让老人看到效果。这个经验可以分享给更多的父母。

下一步＿二位老人能配合孩子一起玩游戏，很值得鼓励呢！妈妈拉上老人一起学习的同时，记得及时表达感谢、鼓励、肯定、赞赏。比如："儿子，爷爷奶奶今天晚上和咱们在家里玩碰碰车游戏，应该对他们说什么呀？"

对话二：让孩子"搬救援"失效

背　景＿女儿三岁了，吃饭时间喜欢看电视，不让看就哭闹，奶奶不忍心看她哭，每次都顺从她。我一直在寻找合适的机会来纠正孩子的这个问题。

今天又到了吃晚饭的时间，奶奶叫我们过去吃饭。我准备起身，叫女儿一起洗手吃饭。

对话回放 __

女儿： 我要看电视。

妈妈： 你吃完饭可以看电视。现在是吃饭时间，我们要一起在餐桌这里吃饭。[用积极正面的方式拒绝孩子的要求——边吃饭边看电视]，同时指出一条出路（吃完饭可以看电视），并且清楚地给孩子讲出规则（现在来餐桌吃饭）。[参见第二章"提高'表达力'的'三要三不要'"中对"要积极正面，不要消极负面"的解读。]

（女儿不答应，走过去拉着奶奶，搬出救援。）

女儿（开始哭）**：** 我就要看，就要看！

（女儿哭得越来越厉害。我生怕奶奶扛不住，赶紧提醒了一句。）

妈妈： 这会儿是吃饭时间，谁也不能去开电视。[先提醒和暗示奶奶。]

奶奶： 你看，妈妈不让开，我也没办法。

（女儿一边哭，一边要奶奶抱。我了解奶奶，她最看不得孩子哭，孩子一哭奶奶就心软了。果然，奶奶准备开电视了。于是，我赶紧把孩子抱过来。）

妈妈： 妈，我来。您先去吃饭吧。[不直接与"救援"对抗。先把"救援"支开。]

奶奶（还是舍不得，大声地）**：** 你看她都哭成啥样了！不开能行吗？

（孩子看到有奶奶撑腰，哭得更是撕心裂肺的。）[很多时候，孩子哭得撕心裂肺，是在"造势"，找救援，她清楚地知道救援就在身边，并且救援绝对不会看着不管。]

（我没有再说话，把孩子抱进卧室，关上门，想让她哭一会儿，冷静冷静。女儿一见这种情形，渐渐停止了哭泣。）[离开现场，没有"救援"的干扰。好办法！]

女儿： 妈妈对不起，我不哭了。[可见，孩子最能看出什么情形下，说什么话。]

妈妈： 你特别想看电视，是吗？妈妈不是不让你看，而是吃完饭咱们再看。[理解孩子的感受，引导她的行为。参见第二章"提高'表达力'的'三要三不要'"中对"要理解指正，不要说教指责"的解读。]

（她呜咽着点点头。安静了一会儿之后，我带女儿出来一起吃饭。）

（后续报道：第二天女儿吃饭的时候，还要看电视，我仍然用同样的方法处理，结果她哭了一小会儿很快就好了。第三天就没再提看电视的事儿，开始安安静静地吃饭。）

反　思　＿ 其实，我和奶奶在整个事件过程中，并没有多少言语的冲突，完全是观点和做法的不同。孩子已经三岁，我认为这正是立规矩的时候，刚开始势必会出现孩子因为要求得不到满足，而用撕心裂肺的哭来解决，但是经历了这个阶段，规矩立住了，就会好很多。

解　读　＿ 从对话描述来看，妈妈没有正面和奶奶发生冲突，而是坚持规则。之前奶奶的庇护加剧了"孩子要看大人不让看"的冲突，孩子发现"大哭、找奶奶"非常奏效，她就乐此不疲地使用这个方法。妈妈寻找机会，让孩子体验一下"大哭大闹、找奶奶"不管用。这个方法收到了很好的效果。

下一步 __ 三代人在一起，最容易在教育孩子方面产生冲突。妈妈可以找机会在奶奶心情比较好的时候，单独和奶奶沟通关于给孩子立规矩的事情。先表达对奶奶帮助照看孩子的感谢，以及对奶奶心疼孩子的理解。然后从"立规矩是帮助孩子更好成长"（给孩子带来的好处）和"孩子遵守规则也会让大人比较轻松"（给大人带来的益处）这两个角度来谈。

对话三：观点不同，用效果说话！

背　景 __ 儿子今年两岁了，对什么东西都好奇，家里每添置一样新东西，他都喜欢摸一摸，推一推。晚上，爸爸拿回来一台空气净化器。儿子开始好奇地围着净化器转圈，然后把空气净化器往墙边上推。

对话回放 __

爸爸：儿子，别推净化器。

　　　　（儿子不理，继续推。）

爸爸（大声）：听见没有，告诉你别推！

　　　　（儿子还是不理，继续推。）

妈妈（蹲下来）：宝贝，你是觉得这个大家伙很好玩，是吗？[先理解孩子的感受。参见第二章"提高'表达力'的'三要三不要'"中对"要理解指正，不要说教指责"的解读。]

儿子：嗯！

妈妈：那你可以告诉妈妈，它怎么好玩了？[用开放性的提问了解孩子对净化器好奇的原因。]

儿子（指指出风口）：这里。

妈妈：你的意思是说这里可以出风很好玩，是吗？

儿子：嗯！

儿子（又指着开关）：这里。

妈妈：你的意思是说，开关很好玩，是吗？

儿子：嗯！

　　（不过一会儿，儿子就跑开，不再推净化器了。）

　　反　思＿孩子在这个年龄段，正是好奇心很重的时候。爸爸的观点是尽量别让孩子碰电器，而我认为只要没有危险，要鼓励孩子多接触，多尝试。所以因为想法不一样，产生过不少矛盾。这次我没有想去改变他的想法，而是用自己的方式来处理，结果，爸爸看到效果后，也就不再和我争辩了。

　　解　读＿非常理解爸爸出于安全考虑，不让孩子碰电器的行为，但是，只是单纯地制止孩子的行为，并不解决问题。妈妈找到孩子行为背后的动机，并且满足孩子的好奇心，然后起到了很好的效果。

　　的确，我们不用非要去改变家人的观点和看法，当他们看到实际的效果之后，会更心服口服。

　　下一步＿妈妈可以找个合适的机会，和爸爸一起探讨关于满足孩子好奇心的话题——听听他有哪些想法，他的顾虑是什么，为什么满足孩子的好奇心很重要，如何既保证孩子的安全，又满足孩子的好奇心……这些都是非常有价值的讨论。

另外，还可以把一些关于"培养孩子好奇心"的好文章分享给爸爸，一起学习。

避免在孩子面前否定家人的说法和做法

对话一：了解家人"反应过激"背后的原因

背　景＿下班回到家里，爸爸在沙发上看书，女儿在安静地玩耍，爷爷奶奶看报纸。一幕和谐的家庭场景。过了一会儿，女儿伸手去拿书架上的闹钟，结果闹钟"啪"的一声摔在地上，电池掉了出来，她就把电池拿在手里玩。

对话回放 ＿

奶奶： 别玩电池，电池有毒的。

妈妈： 不要紧的，正常的电池没有毒。

（因为之前奶奶说过几次电池有毒，这次我觉得有必要纠正她的说法。）[在孩子面前否定老人的说法或者做法。]

爸爸（大声）：赶紧把电池拿过来。

妈妈（走到女儿身边）：你自己把电池装到闹钟里，好吧？

（女儿很乖地答应了，并且装好电池后，女儿又去拿来了拼图玩具，跪在地板上玩。）

爷爷： 不要跪在地上。

妈妈： 不要紧的，你就让她玩吧，裤子脏了可以洗。[在孩子面前再次否定老人的说法或者做法。]

（爷爷奶奶面带不悦，离开了客厅。）

（女儿看到了阳台上的纸箱子，就把箱子放倒在地上当滑梯玩，玩得很开心。）

爸爸： 下来，箱子多脏啊！

妈妈： 她玩得这么开心，又没有什么危险，就让她玩好了。[在孩子面前否定老公的说法或者做法。]

爸爸（大声）：你就什么都不管！

（老公和我大声理论起来，就这样，一幅和谐的画面被粉碎了。）

反　思 __ 在孩子哪些行为需要制止的问题上，我和家人一直达不成共识。我的观点是：只要孩子能找到乐趣，脏一点儿没有关系。可是家人不这么认为，他们的反应过激，让我不知道如何处理。

解　读 __ 从对话描述上看，妈妈的观点本身没有错。不是所有的电池都有毒、孩子跪在地上玩耍也是可以的。

同时，提到"家人反应过激"，仔细去分析对话可以看出：其实爷爷奶奶和爸爸"过激的反应"，可能不只在于"电池是不是真的一定有毒""跪在地上有多脏""箱子是否能玩"，更多的不满或许来自于三次当着孩子的面被否定和纠正。当不断被否定和纠正的时候，老人的心里会认为，妈妈在存心唱反调。

下一步 __ 当着孩子的面否定家人的说法和做法，是家庭沟通的禁忌。妈妈可以找适合的时间、地点，用适合的方式来和家人单独沟通。这里描述的问题并不在于"脏一点到底有多严重"，而是家庭成员如何达成共识的问题。

　　另外，可以让爸爸在中间承担桥梁的作用。妈妈先表达对他的理解，然后说出自己的建议。例如，"我能理解你和爷爷奶奶不让孩子在地上玩，是担心孩子摸脏东西容易生病。我的意见是家里的东西并不脏，可以先让孩子玩，之后多洗几遍手，就应该没有什么问题了"。妈妈先和爸爸达成共识，由爸爸和爷爷奶奶做沟通，让一家人重新回到其乐融融的关系中。

对话二：事后处理，而不现场解决

　　背　景 __ 晚上儿子打开爸爸的钱包，说要找"毛爷爷"。他往外掏钱，一边掏，一边开心地指着头像喊"毛爷爷"。我正好想借机教他辨认一百元、十元、一元钞票。这时候，爸爸走过来。

　　对话回放 __

爸爸： 这钱多脏啊！我不是说过了吗，不要给孩子玩钱。
　　　　（说着就拿走儿子手中的钱，塞回钱包。儿子试图抢回钱，但是看到爸爸表情很凶，就松手了，用求助的眼神看着我。我把孩子抱过来安慰他。）

妈妈： 爸爸说不能玩，咱们就先收起来。妈妈陪你玩最喜欢的轨道汽车。

[妈妈在这个时候引导孩子按照爸爸说的做，而不去激化矛盾。]

（儿子很不情愿地把散落在沙发上的钱一张张递给爸爸。）

（晚上，儿子入睡之后，我找爸爸单独进行了沟通。）

妈妈： 今天晚上让孩子玩钱，我主要想顺便教他认识一下钱币，你担心的卫生问题，我考虑孩子现在已经不吃手了，不玩之后，洗洗手就行。[没有埋怨，而是说出对方的担心（玩钱不卫生）、自己的观点（孩子已经不吃手了，可以教孩子认识钱币）和解决办法（结束之后洗手）。这为后续的沟通做了很好的铺垫。]

爸爸： 玩钱不光是卫生问题，钱都撒在沙发上，也容易弄丢。

妈妈： 这个我倒没有想到。以后还是先不给他玩真钱了。[用开放的心态接受爸爸的想法。]

妈妈： 另外，我希望你对孩子说话可以温和一点。[没有指责，而是提出自己的期望。]

爸爸： 嗯。我今天说话确实太生硬，以后注意。[当妈妈不批评指责，而是就事论事地提出期望，爸爸就更容易接受。]

反　思 __ 当爸爸生硬地夺走孩子手里的钱时，我心里是不赞同他的做法的，孩子玩得正在兴头上，爸爸来个"当头一棒"。但是，我又不想在孩子面前激化矛盾，所以，先尽量让事态缓和下来。晚上在和爸爸做单独沟通的时候，也知道爸爸不让玩钱还考虑到弄丢的问题，这是我之前没有想到的。不管怎么样，爸爸最终表示以后用温和的方式来对待孩子。

解　读 __ 尽管妈妈心里不同意爸爸的做法，但是在冲突现场，选择先引导孩子按照爸爸说的做，然后再和爸爸做单独的沟通。并且，妈妈在沟通中很有智慧，讲清楚自己这样做的缘由，尽量打消爸爸对卫生问题的顾虑，以及对爸爸处理方式的期望。这些做法为沟通定下了很好的基调。从结果上我们看到，爸爸欣然接受了妈妈的建议。可贵的是，当爸爸提出不让玩钱的新理由时，妈妈能用开放的心态接受。这些都促成了一场有效的沟通。

下一步 __ 如果可能的话，可以在网上购买一些专门用来帮助孩子认识货币的"钞票卡片"。这样，既可以达到妈妈想让孩子认识货币的目的，也消除了爸爸对卫生和丢失问题的担心，还满足了孩子"玩钱"的乐趣，一举三得！

对话三：发现家人"立场不坚定"背后的隐情

背　景 __ 在家里我经常因为给孩子穿多少衣服与奶奶斗智斗勇。奶奶总觉得孩子要多穿点，而我认为孩子运动量大，活动起来容易出汗，出汗之后受风反倒容易感冒。爸爸认同我的观点。但是，当与孩子奶奶有冲突的时候，他就妥协了。这两天孩子有点感冒，奶奶早上拿出棉裤来，要给女儿穿。

对话回放 __

奶奶：穿单裤太冷了，孩子还感冒着呢！

妈妈（面带不悦）：今天都十八度了，这个天气别再穿棉裤了。

爸爸：这条棉裤还好，不是特别厚。[爸爸可能并不是在谈论棉裤薄厚

的问题，而是不想让奶奶和妈妈之间有冲突。如果奶奶不在场，

爸爸也许不会在这个事情上和妈妈有争执。妈妈可能需要学习察

觉对方说话的真正心理和意图是什么。]

妈妈（生气大声地对爸爸）：这个天你看看还有谁穿棉裤？

爸爸（同样大声）：春捂秋冻！［爸爸其实是想维护奶奶。］

奶奶：不穿就不穿了，吵什么呀？

（一个早晨就这样从争吵开始了。唉！）

反　思　整个冲突都是因为我的情绪控制了理智。在孩子的养育问题上，我经常和爷爷奶奶有冲突。其实，爷爷奶奶并不是不能沟通的人，因为我的逃避，没有找机会和他们沟通。有些问题积累多了就会爆发。

令我不解的是，每次和老公沟通达成的共识，事到临头，他又站在了爷爷奶奶那一边。

解　读　这场对话所描述的场景，在隔代养育的家庭里会经常出现。在妈妈的反思中，我们看到因为缺少沟通，所以容易把情绪积攒下来，引发更大的冲突。

关于爸爸态度的转变，从描述中可以看出，爸爸不一定不同意妈妈的观点，而是更多地顾及奶奶的感受，不希望因为衣服的事情，和妈妈一起来反对奶奶，让奶奶伤心。

下一步　妈妈在平时可以尝试和爷爷奶奶多做一些关于"跨年龄"的沟通，听听他们的分享。例如："你们那个年代都有哪些有趣的事情发生？那时候的生活和现在最大的区别是什么？你们小时最开心、最害怕的事情

是什么？你们年轻的时候，做过的最得意的事情是什么……"这样的交流会增进相互之间的了解，融洽彼此之间的关系。我们也能从他们身上学到很多人生智慧。

有了好的关系做基础，再一起寻找解决冲突的具体方式。毕竟，衣服穿多穿少不重要，一家人的和睦才是最重要的。

用对待孩子的耐心对待家人

对话一：做家庭的"协调员"

背　景 __ 因为家里有两个孩子，我和老公又都要工作，所以爷爷奶奶一直跟我们住在一起，帮忙照顾孩子。奶奶属于急脾气，爷爷是个慢性子，而老公则不温不火，在家务活儿方面只动口不动手。不同个性的人在一起，经常因为一点儿小事儿发生口角。

昨天下班到家比较晚了，一进门就听到一连串不和谐的声音。

对话回放 __

奶奶（责备爷爷）：你怎么这么慢呢？冲个奶都这么长时间，你看孩子
　　　　都饿成啥样了！

爷爷：着什么急，我这不是弄着呢吗？还说我！

爸爸：别吵吵了！都少说两句。

奶奶（责备爸爸）：就你什么也不干，还嫌我们吵吵！

爸爸：我这不是哄孩子呢吗？

　　（他们就这样你一言我一语，谁也不服谁。我听不下去了，就走过去。）

妈妈：爸妈，你们照顾了一天孩子，都挺累的。爸，我来给孩子冲奶吧，您先坐沙发上歇会儿。妈，您也先回房间休息一下吧。[先表达对老人的理解，接着把冲突双方暂时隔离，妈妈在这场冲突中起到非常好的润滑作用。]

　　（我冲完奶，让爷爷喂孩子。然后示意爸爸去劝奶奶，我去厨房做饭。）

爸爸：我知道您累了，需要休息。我爸虽然动作慢，但他也在一直帮忙。你们都辛苦了。

奶奶：嗯，我累了就容易着急。

　　（我做好饭，招呼大家吃饭，爷爷奶奶和爸爸高兴地回到餐桌。饭前的一场口角终于谢幕了。）

反　思 __ 我刚进门就听到他们吵，心里挺烦的。但是一想，对待老人其实跟对待孩子是一样的道理，肯定和鼓励永远比批评和指责有效。这样去想，我自己在整件事中也就能不带情绪说话了。另外，大家庭的家务劳动，以后应当合理分工，各司其职。

解　读 __ 妈妈很好地平息了一场家庭争吵。这样一个六口之家的大家庭，确实需要有人站出来做协调员。妈妈用自己的言行，既体谅老人的辛苦，又身体力行地做事情。不容易！

下一步 __ 既然家庭成员个性差异很大，那么建议妈妈和爸爸一起分析一下每个人的强项，尽量把任务分配得适合每个人。同时达成共识：无建议不批评、各司其职、赞赏和感谢别人的付出。对于所谓"动口不动手"的家庭成员，或许他们不爱动手，动口也行啊，但是动口是要感谢、赞赏别人，而不是批评、指责、抱怨。动口也可以是讲笑话，烘托家庭欢乐气氛。总之，发挥你们的想象力和创造力，激发每个人的动力。

对话二：理解家人的顾虑

背　　景 __ 周末带孩子去商场游乐区玩，遇到女儿幼儿园的小朋友，邀请女儿一起去玩沙子，她很想去。

对话回放 __

爸爸： 别去了，太脏。

妈妈： 脏了可以洗，那怕什么呀！

爸爸（不悦）：你洗衣服啊？

妈妈（生气）：凭什么就得我洗，你也可以洗啊！

> （我说完就带着女儿去玩沙子了。爸爸有点儿生气，但也没说
> 什么，在边上一直陪着孩子，玩了差不多两个小时。女儿玩得
> 很尽兴。）

妈妈： 你看她玩得多开心！

爸爸： 开心是开心，回去奶奶还得洗衣服。

> （我这才明白：爸爸不愿意让孩子玩沙子，是因为孩子的衣服一
> 般都是奶奶洗，爸爸担心奶奶太辛苦了。)[妈妈能找到这个原因，

真不错！]

妈妈（温和地）：今天回去我来洗衣服。[用行动及时缓和冲突。]

（爸爸的表情放松了很多。）

反　思 __ 孩子天生喜欢沙子和水，但是除了去海边，她很少有机会玩沙子，因为爸爸每次都反对，总是说脏。这次我才明白了真正的原因。

他一方面心疼奶奶太辛苦，另一方面，他确实比较累。每次出去玩，爸爸都付出很多，大包小包都是他背着，孩子累了他抱着。奶奶也很辛苦，除了做饭还收拾屋子，打扫卫生，为我们解决后顾之忧，我确实应该体谅他们。

解　读 __ 妈妈从和爸爸的对话中，找到不愿意让孩子玩沙子的真正原因，并且马上在行动上做出改变。特别是在"反思"中，不再去争论谁对谁错，而是能体谅家人的付出，非常难得。

下一步 __ 妈妈既然意识到了爸爸和奶奶的辛苦，平时就把对他们的感谢，用语言表达出来。例如："多亏有奶奶帮我们带孩子""多亏有你每次出去玩的时候，大包小包拿东西"。也多向女儿说出对奶奶和爸爸的感谢。例如："你看奶奶每天为我们做饭、洗衣服！""你看爸爸开车带咱们出来玩，帮咱们拿这么多东西。"

对话三：不要让"谈一下"变成"吵一架"

背　景 __ 上午和别人约好见面，我一大早就开始忙着收拾屋子、做早餐，叫儿子起床，督促孩子穿衣、洗漱、吃饭、上厕所、准备水壶等。

眼看要到出门的时间了，儿子还在磨蹭，我一边准备出门，一边还要催促儿子。爸爸早已收拾好自己的东西，边看电视边催我们，并且越催越急。在这个过程中我已经烦躁起来，但一直忍着没说。

出门以后爸爸驱车一路飞驰，赶到目的地时提前了十分钟，事情办得非常顺利。但是，回家的路上，我觉得还是有必要跟爸爸谈一下早上出门的事情。

对话回放 __

妈妈（生气）：你以后不要不管不顾地随便指责别人。一大早我忙里忙外的，你不光不帮忙，还坐在那里指责我们！

爸爸（态度强硬）：本来就是！你们磨磨蹭蹭的。早起半个小时就不至于这么紧张。还不是我使劲赶路才没有迟到！

妈妈（大声）：你这是强词夺理！我既要管儿子，又要准备出行的东西！再说，也没有耽误事情呀！

（儿子在车上一声不吭，一脸茫然地看看爸爸，再看看我，整整一天都闷闷不乐的。到了晚上，我觉得还是有必要再和爸爸谈一下。这次我把"极简亲子对话"课程的内容又复习了一遍：真诚地感谢对方、承认自己做错的地方、表达对对方的期望。晚上准备实践出来。）

妈妈：今天多亏你一路上开车赶时间，才没有迟到。同时，我想和你说说早上在家里发生的事情。[在"谈一下"的时候，先从感谢和赞赏开始。]

爸爸：你说吧。

妈妈：我确实不应该大声和你说话。我也希望以后着急出门的时候，你能别催我，尽量能帮我一起收拾。[先承认自己也有做错的地方，然后表达期望。]

爸爸：行！我也不应该冲你嚷嚷。咱们以后尽量早点做准备。

妈妈：嗯，好的。

（谈完之后，我和爸爸心里的不愉快都过去了。）

反　思 ＿ 我心里很明白父母在孩子面前最好不要吵架，一开始能忍就忍，但这次最终还是没有忍住。不过，通过这个阶段的学习，我觉得还是有必要把事情说开。冷静下来之后，想一想自己也有错，所以主动找老公沟通。当我温和地说出自己的想法和期望的时候，发现对方也柔软下来了。

解　读 ＿ 对话中，我们看到妈妈能及时意识到父母在孩子面前吵架所带来的负面影响，并和爸爸主动沟通。

第一次的"谈一下"，双方的情绪都不稳定，所以容易让事情恶化。而第二次的"谈一下"，先表达肯定和感谢，然后自己主动道歉，这些都为对话做了很好的铺垫，所以，当提出对爸爸的期望时，爸爸也能欣然接受，同时也主动道歉。

下一步 ＿ 爸爸妈妈很好地解决了彼此之间的冲突，同时，可以一起向儿子解释，不该当着孩子的面大声吵架。这样，父母向彼此真诚道歉，也让孩子看到真实的父母，知道生活中的冲突是可以解决的，并且通过看到父母的和解，学习解决冲突的方法。坏事变好事！

温馨提示

当家人因为孩子的问题发生冲突时……

✓ 尝试用对待孩子的耐心来对待老人，他们毕竟年龄大了，需要时间来学习这些对他们来说全新的理念和方法。

✓ 尝试当家人做出哪怕是一些微小的改变时，给他们及时的肯定和赞赏。

✓ 尝试在孩子面前多说一说家人对孩子和家里付出的点点滴滴，用感恩代替责备。

✓ 不必花力气去改变家人的想法，行动产生的效果才最有说服力。

✓ 避免在孩子面前，否定家人的说法和做法。尽量事后做沟通，而不现场解决。

✓ 发现家人"反应过激""立场不坚定"背后的原因。

✓ 了解家人的想法，学习从不同的角度去看问题。

✓ 和老人做关于"跨年龄"的沟通，听他们分享个人经历，增进相互了解，融洽彼此的关系。

✓ 做家庭的协调员，发挥个人长项，分工合作。

✓ 先表达肯定、感谢和理解，再说出自己的感受和期望，对方的心才更容易柔软下来，进入到积极解决问题的状态中。

✓ 父母对家人的宽容为孩子做出了很好的榜样，宽容也是孩子健康成长的重要标志。

实操训练记录

记录最近一次在处理家人因为孩子而产生冲突的时候，你是如何做的。

时　　间：　　　　　　　　　　　地　　点：

背　　景：　　　　　　　　　　冲突的起因：

你是如何回应的：

自我评估效果如何：

家人的感受如何：

孩子的感受如何：

处理过程中，有哪些新的发现：

处理过程中，遇到了哪些挑战：

有哪些具体做法来面对这个挑战：

下次同样情况发生的时候，如何做得更好：

附录 A _____

"倾听值"测试答案

如果回答"否"就加 1 分，如果回答"是"就不加分。

第一题： 孩子说话的时候，我能做到边做事情边听他讲，效率很高。

建 议： 孩子说话的时候，尽量不做其他事情，专心听他说。

第二题： 孩子说话的时候，我保持同一个姿势来表示对他说的话题感兴趣。

建 议： 孩子说话的时候，尽量看着他，用点头、身体前倾等肢体语言，表示对他说的话感兴趣。

第三题： 孩子说话的时候，我不干扰他并用同一个面部表情来回应他。

建 议： 随着孩子的讲述，要尽量用微笑、皱眉等面部表情来回应他。

第四题： 对孩子描述的事情，我能根据自己的经验快速给出判断和结论。

建　议： 对孩子描述的事情，不要急于下结论，而是先听他说完再做判断。

第五题： 如果不同意孩子的想法、做法，我会直言不讳地指出来。

建　议： 即使不同意孩子的想法、做法，也不要急于反驳，继续认真听他说完。

第六题： 当孩子提出一个问题，我能很快给出可行性建议。

建　议： 尽量等孩子希望家长给他建议反馈的时候，才给他建议反馈。

第七题： 在孩子讲述的时候，我不会发出任何声音来回应他。

建　议： 在孩子讲述的时候，尽量用"嗯""哦""是这样啊""我明白"来回应他，表示我们在听，并且鼓励他继续说下去。

第八题： 孩子描述的事情，我几乎都能听明白。他说完之后，我不需要再确认。

建　议： 孩子描述的事情，即使都听明白了，也要在他说完之后，做简单总结，表示我们听懂了。

附录 B _____

"表达力"测试答案

如果回答"否"就加 1 分，如果回答"是"就不加分。

第一题： 孩子心爱的小熊玩具摔坏了，心里很难过。我会如何对他说？

建　议： 先理解孩子的感受（比如，你可以这样对孩子说："这是你最喜欢的玩具，摔坏了，心里一定不好受。"），而不去否定他的感受。

第二题： 孩子从学校回到家里，抱怨老师留的作业太多："老师今天留这么多作业！真烦人！"我如何回应？

建　议： 理解孩子此刻的心情，帮助他缓解压力，而不是说教。（比如，你可以这样说："看样子今天老师留了不少作业，让你很烦。你希望妈妈怎么帮你呢？"）

第三题： 孩子的同学邀请他周六晚上参加生日聚会，但是他的另外一个好朋友也在同一天过生日，同样邀请他参加聚会。孩子很为难不知道该怎么办。我要如何帮助他？

建　议： 理解并帮助他梳理矛盾的心情，而不是直接给他建议。（比如，你可以这样说："同学和好朋友都在同一天邀请你参加他们的生日聚会，这让你很为难，因为你都想参加，不想让他们失望。咱们看看有什么办法来解决这个问题。"）

第四题： 孩子兴高采烈地从幼儿园回到家里，手里拿着自己的画让我看。我如何赞赏他？

建　议： 对孩子的画进行具体的细节描述，而不是笼统地夸奖。（比如，你可以这样说："你这幅画颜色搭配得很协调，特别是这个小朋友的眼睛，画得很有神！"）

第五题： 为了给孩子树立榜样，拿同学、亲戚的孩子来激励他："你看星星，她每天放学回家，先写作业再玩。你要多向人家学习。"

建　议： 鼓励孩子和自己的过去做比较，而不是拿他和别的孩子对比。（比如，你可以这样激励他："我注意到你今天回家只玩了一会儿，就去写作业了。比昨天提前半个小时开始写作业。"）

第六题： 孩子在商场里要求买玩具，我不同意。孩子开始大哭大闹，如何应对这种场景？

建　议： 说出你对孩子的期望，而不是用威胁的方式。（比如，你可以这样说："妈妈不期望你这样大哭大闹。你选择继续在这里哭闹，还是我们到旁边的海洋球那里去玩？"）

第七题： 孩子回家告诉我在幼儿园被小朋友打了。我如何回应他？

建　议： 先安慰孩子的情绪，然后用低威胁性的提问方式来了解情况（比如，"告诉妈妈当时发生了什么？""是什么原因让他动手打你？"……），而不是高威胁性的提问（比如，"他为什么打你？""你为什么不还手？"）。

第八题： 孩子把书落在学校，这已经不是第一次了。我如何对孩子说？

建　议： 先帮助孩子解决当下的问题，而不要一味批评指责（比如，你可以这样说："书落在学校，现在咱们有什么办法可以弥补呢？""以后怎么做才能不把书落在学校呢？"）

用生命经营好儿女
这份产业

在你生命的尽头，你永远不会后悔没有通过考试，没有赢得更多的判决，或者没有达成更多的交易。你会为那些没有与丈夫、朋友、孩子或父母在一起的时间而后悔。

——美国前第一夫人　芭芭拉·布什

写完这本书，我们的心里有感动、有欣喜，甚至有些恍惚。想起了十二年前，当时在外企工作的时候，我们六位妈妈凭着一腔热情在公司里组织起了"午间父母读书会"，后来这个读书会慢慢发展壮大，成立了父母俱乐部。每周三的中午，我们都聚集在一起学习、分享、讨论。我们清楚地记得，即使当时在外企这样一种追求新思想、新理念的环境中，仍然有不少同事质疑：至于吗？养个孩子还这么矫情？

到如今，十二年的时间，人们对于家庭教育的解读，对"父母"这个角色的理解，发生了很大的变化，这些变化不得不让人感慨：

十二年前，"父母读书会"在外企都是新鲜事物。

今天，各种工作坊、训练营、沙龙、课堂已经遍地开花、层出不穷，甚至多得让人眼花缭乱，无所适从。

十二年前，当我们试图和老人探讨育儿方法的时候，他们会不屑一顾，嘲笑我们看着书本养孩子。

今天，我们在讲座中经常看到白发苍苍的爷爷奶奶、姥姥姥爷在认真记笔记。

十二年前，没有那么多的教育资讯，我们在一边寻找，一边创造。

今天，各类教育信息铺天盖地。父母如饥似渴学习的同时，甚至难免迷失其中。

如果说大点，这是一个父母成长时代的变迁，而我们有幸在经历这个变迁的过程中，也见证这个变迁。

做父母实在是一项不容易的工作，不光没有工资，还要不断投入，不能跳槽、不能晋级、不能退休，还不能辞职！但是，我们有理由相信，做父母一定是一项阳光下最有价值的投资。孩子是我们最大的产业，所以不可轻看我们做父母的职责，让我们用生命去经营好这份产业！

祝福大家！

安燕玲　郑　懿

参考文献

[1] 德雷克斯，索尔兹 . 孩子挑战 [M]. 甄颖，译 . 北京 : 生活·读书·新知三联书店，2015.

[2] 法伯，玛兹丽施 . 如何说孩子才会听，怎么听孩子才肯说 [M]. 安燕玲，译 . 北京 : 中央编译出版社，2012.

[3] 法伯，玛兹丽施 . 如何说，孩子才能和平相处 [M]. 王欧娅，译 . 重庆 : 重庆出版社，2016.

[4] 波普夫 L，波普夫 D，凯夫林 . 家庭美德指南 : 激发孩子与我们自己最好的内在品质 [M]. 汤明洁，译 . 北京 : 中国言实出版社，2009.

[5] 麦道卫，戴依 . 六 A 的力量 [M]. 黎颖，王培洁，译 . 南昌 : 江西人民出版社，2011.

[6] 郭士顿，厄尔曼 . 微影响 [M]. 苏西，译 . 北京 : 新世界出版社，2010 年 .